Roswitha Ockeloen

Bewegliche Bilder aus Holz

Roswitha Ockeloen

Bewegliche Bilder aus Holz

Anleitungen zum Selbermachen

Verlag Freies Geistesleben

Die Deutsche Bibliothek – CIP-Einheitsaufnahme

Bewegliche Bilder aus Holz:
Anleitungen zum Selbermachen / Roswitha Ockeloen.
[Übers.: Marianne Holberg]. – Stuttgart:
Verl. Freies Geistesleben, 1996

ISBN 3-7725-1587-8

Die holländische Originalausgabe erschien 1996
unter dem Titel «Beweegbare wandplaten van hout»
bei Uitgeverij Christofoor, Zeist.

Deutsche Ausgabe:
© 1996 Verlag Freies Geistesleben GmbH, Stuttgart
Gedruckt in Belgien

Übersetzung: Marianne Holberg
Fotos: Ernst Thomassen
Illustrationen: Roswitha Ockeloen
Einbandentwurf: Walter Schneider

Inhalt

1 Einleitung

Dieses Buch ist der Niederschlag meiner Arbeit aus der Zeit, als meine Kinder klein waren. Zunächst war es nur eine Idee; doch aus ihr ergaben sich immer mehr Einfälle, wie man für kleine Kinder Wandbilder aus Holz herstellen könnte, in denen die Figuren sich bewegen. Es fing mit einigen Geschenken für befreundete Kinder an und wuchs sich zu einer wahren Produktion sehr vieler und immer wieder unterschiedlicher Holzbilder aus. Wer einmal damit anfängt, wird merken, daß die Möglichkeiten unerschöpflich sind. Aus dem einen Entwurf folgt der nächste,

die eine technische Lösung beispielsweise dafür, daß ein Tierchen sich bewegen kann, ist wieder Auslöser für viele neue Möglichkeiten.

Ich habe auch eine Zeitlang Kurse zum Anfertigen von Wandbildern gegeben. Und da konnte ich beobachten, wie andere Menschen wieder ganz neue Einfälle hatten.

In diesem Buch findet man eine Anzahl von Holzwandbildern, die bis in alle Einzelheiten ausgearbeitet sind; sie können genau so gemacht werden, regen aber hoffentlich vor allem dazu

Abb. 1: Ausschnitt aus Abb. 92

an, selber Bilder zu entwerfen. Jeder trägt nämlich seine eigene Bildersprache in sich, seine eigenen Vorstellungen, die stark von der Umgebung geprägt sind, in der er aufgewachsen ist. Kursteilnehmer, die in den Tropen geboren waren, malten mit ganz anderen Farben und brachten andere Vorschläge als die übrigen Kursteilnehmer. Auch ist es von großem Einfluß, welche Bilderbücher wir als Kind besehen oder gelesen haben, welche Geschichten uns erzählt oder vorgelesen wurden.

Wenn man etwas für ein Kind, das man gut kennt, herstellt, wird man schnell auf bestimmte Einfälle kommen: Ist ein Kind geradezu hingerissen von Treckern, malt man einen Traktor auf dem Bauernhof, ist es besonders entzückt von Eichhörnchen, dann setzt man doch ein Eichhörnchen in den Baum. Ist es ein sehr aktives Kind, dann sorgen wir dafür, daß viel auf dem Bild passiert, und malen es in kräftigen Farben. Bei einem stillen, introvertierten Kind können wir die Farben ruhig und verträumt halten (alle Farben zarter wählen, eher Blautöne verwenden) und das Ganze sehr fein malen.

Die Holzwandbilder aus diesem Buch sind vor allem für Kinder im Kleinkindalter und im Kindergartenalter gedacht. Aber sogar bevor sie ein Jahr alt sind, können Kinder ihre helle Freude an einem Zwerglein haben, das plötzlich da ist und dann wieder verschwindet: das uralte «Kuckuckspiel». Und aus Erfahrung weiß ich, daß auch manche ältere Kinder noch sehr an einem Wandbild hängen und auch noch damit spielen, wenn sie schon acht Jahre alt sind.

Wandbilder, die sich unmittelbar auf ein Fest beziehen, etwa auf Nikolaus oder Weihnachten, können natürlich jedes Jahr wieder aufgehängt werden und auf ihre Weise zu einer festlichen Atmosphäre im Hause beitragen.

Das Anfertigen von Holzwandbildern verlangt zweierlei von uns. Zum einen das Arbeiten mit Holz, das Sägen, Schmirgeln, Leimen und die technische Konstruktion, die so solide sein muß, daß sie auch noch funktioniert, wenn Kinder damit spielen.

Zum andern das Malen, also die mehr künstlerische Seite. Nun ist es gewöhnlich so, daß der eine bisher schon mehr gemalt hat als der andere. Aber wenn auch einige Menschen ein ausgesprochenes Talent auf diesem Gebiet haben, kann doch jeder mit den notwendigen Anweisungen und Beispielen ein schönes Wandbild anfertigen.

Ich konnte beobachten, wie Kinder etwa ab fünf Jahren die schönsten Dinge herstellten. Spontan und sicher gehen sie an die Arbeit. Erwachsene müssen es erst wieder lernen, etwas zu wagen, einfach anzufangen. Zur Ermutigung sei gesagt, daß es immer noch möglich ist, mit Wasser oder Schmirgelpapier die Partien zu verändern, die einem nicht gefallen.

In den folgenden Kapiteln schauen wir zuerst auf das Thema eines Wandbildes: Welche Bilder malen wir für ein Kleinkind, wie erlebt ein Kind die Welt, und welche Vorstellungen passen zu der Art dieses Erlebens? Danach folgt ein Teil über das Malen selbst, danach einer über das Charakteristische der verschiedenen Farben, ihre Wirkung auf dem Holzwandbild und über die Stimmung, die sie hervorrufen.

Dann folgt der praktische Teil. Zunächst werden einige allgemeine technische Anweisungen gegeben sowie eine Beschreibung der verwendeten Materialien; darauf folgen die ausgearbeiteten Beispiele: eine Reihe von 12 Holzbildern, passend zu den verschiedenen Jahreszeiten.

Die Bilder auf den Abbildungen 4, 9, 13, 14, 44 und 49 sind vor allem als Illustrationen zum Text gedacht und werden nicht im einzelnen beschrieben.

2 Welche Bilder malen wir für ein Kleinkind?

Die ersten Erfahrungen des kleinen Kindes

Wenn ein Kind geboren ist, nimmt es seine Umgebung zunächst vor allem unbewußt wahr. Doch sind diese Wahrnehmungen sehr intensiv, und sie wirken direkt auf das Kind. Wenn ein Säugling plötzlich laute Geräusche hört oder grelles Licht sieht, zieht er sich sofort in sich zusammen, er reagiert also mit seinem ganzen Körperchen und wird seinen Brei oder seine Milch wahrscheinlich nicht gut verdauen können. Die Folge davon ist, daß er Bauchweh bekommt und quengelig wird. Die Erwachsenen, die ihn versorgen, müssen dann versuchen, wieder die warme, ruhige Umgebung herzustellen, in der das Kind schlafen, vor sich hin träumen, verdauen und wachsen kann.

Nach und nach kommen Augenblicke des Wachseins; das Kind blickt bewußter und erkennt die Gesichter der Menschen in seiner unmittelbaren Nähe.

Babys sehen uns zuerst noch nicht wirklich an; sie blicken oft an die Haargrenze und sehen den Kontrast zwischen dem oft helleren Gesicht und dem dunkleren Haar. Danach sehen sie die Augen, und dann entsteht Kontakt und Erkennen. Langsam wird der Säugling wacher, er entdeckt seine Händchen, auch wenn er noch nicht weiß, daß die lustigen Dinger wirklich zu ihm gehören. Dann fängt er an zu greifen, und es wird Zeit für ein erstes Spielzeug, eine ganz einfache Form, vor allem zum Befühlen gedacht.

«Kuckuck» und Versteckspielen

Am liebsten spielen kleine Kinder das Kuckuck-Spiel. Warum ist dieses Spiel so faszinierend, warum spielen Kinder es noch jahrelang, wenn auch in veränderter Form?

Das wird dann verständlich, wenn wir davon ausgehen, daß das Kind, bevor es geboren wurde, in einer anderen Welt lebte. Wie immer wir uns diese Welt auch vorstellen mögen – als eine göttliche Welt mit Engeln oder als einen hellen, lichten Raum –, in jedem Fall wird es eine nicht-materielle Welt sein. Die Materie in ihrer dichten Form gehört zur Erde. Wenn ein Kind langsam aus seinem träumenden Zustand erwacht, erlebt es als große Überraschung, daß es in einer Welt gelandet ist, in der die Dinge wieder verschwinden können. Irgend etwas ist da, verschwindet dann wieder – zum Beispiel hinterm Wiegenvorhang – und kommt etwas später wieder zum Vorschein. So eine Überraschung! Das Kind strahlt.

Ein Kleinkind hält sich die Händchen vors Gesicht und ruft: «Wo ist Peter jetzt?» und meint damit sich selbst. Der kleine Junge sieht seine Umgebung nicht mehr und denkt, keiner sähe ihn.

Danach kommt das richtige Versteckspielen, wobei man versucht, so schlau und schnell zu sein, daß derjenige, der «dran» ist, einen nicht sieht, bevor man das «Mal» erreicht hat.

Dieses Element von Verschwinden und Auftauchen ist in den Holzwandbildern immer vorhanden. Ein Zwerglein sitzt beispielsweise hinter einem Baum und kann einmal an der einen und dann an der anderen Seite hinterm Baumstamm hervorgucken (s. Abb. 1, S. 7). Ein Vogel oder ein Eichhörnchen sitzt im Wipfel dieses Baumes, verschwindet, und gleich kommt es wieder (s. Abb. 2).

Oder ein Zwerglein bewegt sich zwischen Pilzen und Farn und verschwindet irgendwo; und schon sehen wir, wie es aus seiner kleinen Höhle herausschaut (s. Abb. 3).

Solche Bilder fordern geradezu auf, nun auch eine Geschichte dazu zu erzählen. Manche Kinder wollen, daß ihr Zwerglein jeden Abend in sein Häuschen geht oder der Vogel sich auf sein Nestlein setzt, bevor das Kind schlafen geht. Und morgens werden sie dann alle wieder wach.

Abb. 3: Ausschnitt aus Abb. 65

Die Welt erkennen

Ein Kleinkind ist fortwährend damit beschäftigt, die Welt zu entdecken, es ist ganz auf seine Umgebung gerichtet, auf alles, was es dort zu sehen gibt. Immer mehr Dinge kann es benennen. Es ist ein Gefühl der Befriedigung, wenn es eine Kuh sieht und dann «Kuh» sagen kann. Ein ruhiges,

Abb. 2: Ausschnitt aus Abb. 92

wohliges Empfinden breitet sich aus, wenn ein Ding mit einem Namen verbunden werden kann. Auch möchte ein Kleinkind die Dinge fortwährend wiedererkennen. Die bekannten Bilderbücher aus Pappe mit Hühnern, Küken und Lämmlein sind entstanden, um diesem Bedürfnis entgegenzukommen. Wer jemals mit einem Kleinkind auf dem Schoß diese Bücher besehen hat, weiß, wie die Kinder es genießen, aber auch, mit welch ernster Intensität sie dabei sind und wieviel sie dabei lernen. Es ist eine zugleich fröhliche und ernsthafte Beschäftigung.

Kinder von zwei, drei Jahren sind noch eins mit der Welt, sie erleben sich selber zuerst noch nicht als von der Umgebung getrennt. Sie gehen ganz in ihr auf, fast träumend, sind den Eindrücken völlig ausgeliefert.

Langsam erwacht ein Ich-Gefühl; das wird irgendwann so stark, daß die Kinder «ich» zu sich selbst sagen und in ihrer Trotzphase alle Möglichkeiten durchprobieren, wie sie den Menschen und Dingen ihrer Umgebung entgegentreten können.

Aus dem erwachenden Selbstgefühl heraus fangen sie an, ihre Umgebung zu erobern, so wie sie früher ihre eigenen Hände und Füße entdeckt haben. Sie brauchen dann realistische Bilder, durch die sie sich immer stärker mit der Welt verbinden können. Ein zunehmend größerer Teil der Umgebung fügt sich jetzt in ihr Weltbild ein.

Abb. 4: Bäuerin, die zur Stadt geht

Wenn sie noch etwas größer sind, erleben sie den Unterschied zwischen ihrer eigenen Innenwelt, die immer reicher und farbiger wird und die sie manchmal auch ängstigt, und der Außenwelt. Dann sind sie soweit, daß sie Märchen brauchen, die ihnen etwas von dieser Innenwelt erzählen, und zwar in einer Bildersprache, die ihnen dabei helfen kann, ihre Gefühle zu ordnen.

Eine Verbindung mit der Natur

Heutzutage werden kleine Kinder schon früh mit Umweltproblemen konfrontiert: damit, wie der Mensch die Natur zerstört. Und wenn in der Familie auch ältere Kinder sind, bekommen sie mit Sicherheit Bilder der vom Aussterben bedrohten Tiere zu sehen. Dann werden sie in ihrer offenen, staunenden Haltung der gerade erst entdeckten Welt gegenüber erschrecken, und sie werden sich wie der Säugling, der zu laute Geräusche hört, von der Welt abwenden wollen. Das äußert sich jetzt nicht sofort in Bauchschmerzen; aber ihr Vertrauen in die Welt und in die Menschen wird untergraben.

Wenn wir wollen, daß Kinder sich später in positiver Weise mit der Natur verbinden, wenn wir darauf hoffen, daß sie an der Gesundung der Erde mitarbeiten, dann können wir diese Verbindung zur Welt jetzt auf eine einfache Weise schaffen. Manche Eltern befassen sich selber viel mit Pflanzen, pflegen etwa einen Garten. Kleinkinder sind nur allzu glücklich, wenn sie dann beim Arbeiten im Garten mittun dürfen. Sie schauen zu und ahmen sofort nach; sie denken nicht über die Dinge nach, die der Erwachsene tut, alles geht sofort in Aktivität über. Wenn wir graben, graben sie sofort mit, wenn wir Unkraut rupfen, ziehen auch sie an Pflanzen, sei es Unkraut oder nicht. Die Art und Weise, wie der

Erwachsene mit Blumen und Pflanzen umgeht, wird bestimmend sein dafür, wie das Kind sich mit ihnen verbinden kann.

Wir können uns auch Teile der Natur ins Haus holen und ihnen einen schönen Platz geben. Manche Menschen haben einen Tisch oder ein Bord in ihrem Bücherregal für Blumen, Gräser oder Getreide, die in die Jahreszeit gehören; und sie setzen Holztierchen dazu oder Kobolde oder Elfen aus zartem Material. Gern bringen Kinder etwas dafür aus dem Walde mit; so wird ein Stück Natur ins Haus geholt, und dessen Versorgung, Begießen, Erneuern o.ä. bekommt etwas Persönliches. Diese Pflege ist sehr wichtig, denn wir müssen achtgeben, daß es nicht zu einer Rummelecke mit vertrockneten Pflanzenresten wird. Und so kann auch ein Wandbild, in dem sich ein Zwerg zwischen Blättern, Tieren, Farnkräutern und Blumen bewegt, unter lauter Dingen also, die aus der Natur stammen, zu einer Verbindung mit der Natur werden. Das Kind verbindet sich mit der kleinen Figur, die so viele verschiedene Sachen machen kann, und dadurch auch mit den gemalten Pflanzen. Wenn es dann im Walde ist, begegnet es den Pflanzen wieder, und die gehören dann zu seinem Zwerglein und so auch zu ihm selbst (s. Abb. 5).

Abb. 5

An etwas Ähnliches erinnere ich mich aus meiner frühen Kindheit. Wir machten Ferien in Österreich. Ganz in der Nähe unseres Schlafplatzes verlief ein Pfad, und dort wuchs ein großer Baum, wahrscheinlich war das am Waldrand. Ganz unten am Baum in den Wurzeln gab es eine kleine Höhle, in der alle meine Teddybären wohnten. Jeden Tag wurde das Bärenhäuschen weiter eingerichtet mit Bettchen aus Moos, Wohneckchen aus Farn. Aus Baumrinde schnitzte mein Vater Tische und Stühlchen, die wurden auch in die Höhle gestellt. Damals habe ich die Bäume wirklich erleben können, mit ihrem rauhen Stamm, den vielen Wurzeln und der ganzen Welt der Moose, Farne, Ameisen, Käferchen und Gräser rundherum – gerade, weil auch meine vor Liebe schon ganz kahlgedrückten Teddybären mitten darin saßen.

Wenn die Kinder etwas älter sind, kann man ihnen solche Geschichten erzählen oder vorlesen, durch die ihre Aufmerksamkeit unmittelbar auf die Pflanzen und Tiere gelenkt wird. Es gibt Bilderbücher, in denen die Natur eine wichtige Rolle spielt. In den Büchern von Elsa Beskow beispielsweise fängt die Natur gleich um uns herum zu leben an (s. Hänschen im Blaubeerenwald).

(Ur-)Bilder

Es ist also gut, wenn die Bilder realistisch und nah an der Wirklichkeit sind. Aber realistisch ist nicht dasselbe wie naturalistisch. Ein Baum muß deutlich als Baum zu erkennen sein – mit Wurzeln, Stamm und einer Krone mit Blättern. Aber beispielsweise braucht er im Vergleich zum übrigen Bild nicht in seiner richtigen Größe dargestellt zu sein. Dann könnte das Eichhörnchen nämlich kaum mehr als ein kleiner brauner Fleck sein. Wenn Kinder mit ihren ersten konkreteren Bildern beginnen, so zeichnen sie die Dinge auch nicht in den richtigen Größenverhältnissen. Sie zeichnen vereinfachte Formen, das Schema eines Menschen, eines Hauses oder Baumes. Es sind gleichsam Urbilder, die wir bei Kindern der unterschiedlichsten Kulturen immer wieder antreffen. Und immer zeichnen sie das, was sie am wichtigsten finden, am größten.

Das Haus

Und so können wir auch ein Haus zeichnen und dabei seine unverzichtbaren Elemente sichtbar machen: Mauern, ein Dach (am liebsten mit einem Schornstein, als Bild für die Wärme des Ofens!), ein Fenster, eine Tür. Und wenn die Tür auch noch auf und wieder zugemacht werden kann, dann ist es wirklich ein Haus, in dem wir ein- und ausgehen können. Es schadet nichts, daß die Bäuerin nicht richtig durch die Tür gehen kann. Für das Kind geht sie ins Haus hinein, auch wenn sie seitlich hinter dem Haus verschwindet (s. Abb. 4), dann am Fenster erscheint oder zur Kuh auf die Weide geht, oder wenn sie hinter einem Baum verschwindet, um ins Dorf (das nicht zu sehen ist) zum Einkaufen zu gehen.

Der Baum

Es ist also wichtiger, wahre Bilder zu gebrauchen, als die «wirkliche» Größe zu berücksichtigen. Das gilt ganz besonders für Bäume. Als Erwachsener setzt man schnell nur einen halben Baum an die Seite (s. Abb. 6), weil das einen so schönen Abschluß bildet, oder man nimmt nur einen Teil des Stammes mit einer kleinen Höhle für die Eule, weil man denkt, daß sonst die Größenverhältnisse nicht stimmen (Abb. 7). Doch ist

Abb. 8: Baummensch, gezeichnet von einem zweieinhalbjährigen Mädchen.
Aus: Michaela Strauss, Kinderzeichnungen

Abb. 6

Abb. 7

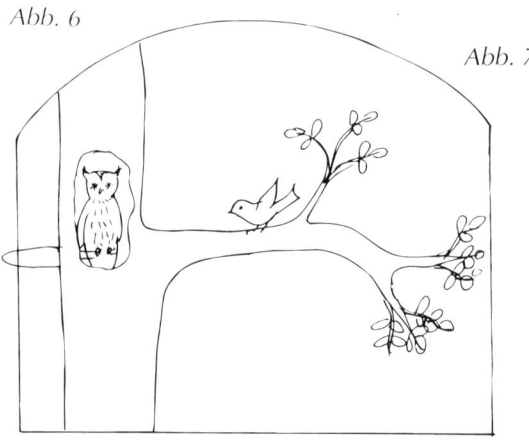

dann dem Urbild des Baumes mit Stamm und Blätterkrone Gewalt angetan.

Wenn ein Psychologe oder Pädagoge auf die Entwicklung eines Kindes schaut, läßt er es gern einen Baum zeichnen. Das Kind drückt mit diesem Baum viel darüber aus, wie es sich fühlt, wie es sich selber erlebt.
In den ersten Zeichnungen eines Kindes kann die rund gezeichnete Form mit den kräftigen aufwärts und abwärts führenden Linien darunter jetzt einen Baum und im nächsten Augenblick einen Menschen darstellen (s. Abb. 8). Als erstes wird die Krone gezeichnet, dann der Stamm; die Wurzeln sind noch nicht vorhanden.

Die Entwicklung eines Baumes kann man über längere Zeit hindurch beobachten. Anders ist es bei der einjährigen Pflanze; sie kommt im Frühling zum Vorschein, entfaltet sich, blüht; und

Abb. 9: Schwan mit Trauerweide

im Herbst verwelkt sie wieder. Ein Baum – nehmen wir einen Laubbaum – erlebt den Zyklus der Jahreszeiten viele Male und entwickelt sich währenddessen immer weiter, er macht dabei Erfahrungen, und die drücken sich in seiner Form aus. Durch seine Wurzeln ist er mit der Erde verbunden, strebt dann empor und breitet sich im Licht aus.

Auch wenn in der Natur nicht alle Bäume geradegewachsen sind, ist es doch gut, einen aufrecht stehenden Baum darzustellen – ein Bild der emporstrebenden Kraft des Baumes. Aber natürlich ist auch das von der Stimmung abhängig, die man erzeugen möchte (s. Abb. 10 und 12).

Wenn wir beispielsweise ein Kind kennen, das

Abb. 10

eher besinnlich und in sich gekehrt ist, wollen wir ihm vielleicht Schwäne anfertigen, die auf einem Teich schwimmen, und dann können wir auch eine Trauerweide danebenstellen, die sich über diesen Teich neigt und ihre zarten Zweige im Wind wehen läßt. Das Kind erkennt dann eine Stimmung wieder, die in seiner eigenen Seele lebt, und es fühlt sich verstanden (s. Abb. 9).

Zwerge

Zwerge haben in der Welt der Kinder schon immer eine große Rolle gespielt. Mancher von uns hat in seiner Kindheit Bücher kennengelernt, in denen die Zwerge ein sehr menschliches Leben führten. Auch haben Filme wie «Schneewittchen und die sieben Zwerge» von Walt Disney lange Zeit hindurch das Bild bestimmt, das sich die Kinder von Zwergen machten.
Solche Normzwerge sind freilich anders als die verschiedenen Naturwesen, von denen in den Märchen erzählt wird, es sind karikierte, zu einem Stereotyp gewordene Gestalten. In den Märchen dagegen gibt es verschiedene Arten von Zwergen: gute Freunde oder Quälgeister, helfende Männlein oder gemeine Kerle, die den Menschen verzaubern. Und außerdem gibt es dort noch Elfen, Feen, Wassernymphen und Trolle.

Für die meisten Kinder ist ein Zwerg, der in der Natur lebt, ein Bild, das sie ohne weiteres akzeptieren: ein Wesen, das in Moos und Farn lebt, in einer Baumhöhle wohnt, das manchmal zum Vorschein kommt und schnell wieder verschwindet.
Für die Menschen früherer Kulturen war die ganze Natur von Wesen und Göttern unterschiedlichster Art durchdrungen, mit denen man in gutes Einvernehmen kommen mußte, wollte man in dieser großen Welt voller Gefahren leben können. Viele Märchen sind aus diesen Zeiten überliefert.

Kleine Kinder sehen manchmal Dinge, die für uns Erwachsene unverständlich sind. Ich erinnere mich an den Jungen, der immer wieder auf das «Hündchen» zeigte, das irgendwo unter dem Schrank saß und vor dem er sogar ein wenig Angst hatte. Ein anderes Kind, es war zwei Jahre alt, sah einen «Hüttenbai» im Flur; als ich fragte, wie der denn aussähe, stellte sich heraus: Er war manchmal schwarz, manchmal rot, ein anderes Mal bewegten sich alle Farben durcheinander.
Kürzlich spielten zwei fünfjährige Kerlchen hinterm Haus mit einem ganzen Berg von Blättern. Einer der beiden sah ein Zwerglein eilig davonlaufen, und auch der andere hatte es wirklich gesehen.
Wir wissen nicht, was sie sehen, oder besser gesagt, wahrnehmen, wir wissen auch nicht, wieweit diese Wahrnehmung durch Geschichten beeinflußt ist, aber wir können merken, daß sol-

che kleinen Wesen sehr gut in die Art passen, wie die Kinder die Welt erleben. Es sind Gestalten, die auftauchen und verschwinden, wieder auftauchen und sich wieder verstecken, in jedem Fall Gestalten, die sich bewegen. Und darum können wir in einem solchen Holzbild, in dem die Natur lebendig werden soll, sehr wohl ein Zwerglein sich bewegen lassen (s. Abb. 11). Man kann auch Elfen und Wassernymphen malen, aber die können wir nur schwer aus Holz aussägen, sie sind so viel leichtere Wesen als Zwerge.

Ein Zwerg bewegt sich also zwischen den Elementen, die in die Natur gehören: Pilzen, Farnen, Baumstümpfen; er kriecht in eine kleine Höhle am Boden und muß irgendwo ganz ver-

Abb. 11: Ausschnitt aus Abb. 65

schwinden können. Wir können ihn auch in einem Häuschen verschwinden lassen, aber eigentlich befinden wir uns damit schon auf der Grenze zwischen einem lebenden Bild und einem vermenschlichten Waldwesen.

In manchen Zwergengeschichten ist dieser Prozeß so weit fortgeschritten, daß die Zwerge zu Zwergenmännlein und Zwergenweiblein mit ihren Kindern geworden sind, die dann allerlei Abenteuer erleben; die Zwerge werden ganz vermenschlicht. Dann geht es nicht mehr um die Lebenskraft in der Natur, die alles wachsen läßt und die sich für das Kind in dem Bild eifrig schaffender Zwerge und Elfen ganz deutlich ausdrückt, sondern um eine Art Miniatur-Menschenwelt mit Bechern und Kannen und Kuchenstückchen.

Auch in unserer Zeit gibt es noch Menschen, die Zwerge und andere Naturwesen wahrnehmen können. Ursula Burkhard ist eine blindgeborene Frau, die als Kind vielerlei Wesen in der Natur wahrnehmen konnte. Im Laufe der Zeit wurde ihr klar, daß Nicht-Blinde diese Wesen nicht sahen. Als sie von ihren Erlebnissen erzählte, wurde sie eine Phantastin genannt. Sie hat ihre Erlebnisse dann in einem Buch, das sie *Karlik* nannte, sehr überzeugend beschrieben. Sie berichtet darin, daß Zwerge große Weisheit, aber auch Klugheit besitzen, so wie es uns in den Märchenerzählungen überliefert ist. Von alters her nämlich wird der Zwerg mit einem großen Kopf dargestellt, der alle Weisheit enthält, und mit einem Bart und einer Zipfelmütze, die sein Alter und seine Erfahrung ausdrücken. Aus dem Grunde hat ein Zwerg kein kindliches, sondern ein durchgeformtes Gesicht.

Ein noch lebendigeres Bild dieser Welt der Naturwesen gibt Marko Pogačnik in seinem Buch *Elementarwesen – Die Gefühlsebene der Erde.* Wie eine seelische Abenteuerreise beschreibt er seine Begegnungen mit diesem differenzierten Gebiet, von dem er immer mehr Aspekte kennenlernte. Seine feinen linearen Zeichnungen bringen dem Leser dazu noch deutlich ins Bewußtsein, daß es sich um eine nicht-materielle Welt mit völlig anderen Gesetzmäßigkeiten handelt. Wir verstehen jetzt: Wenn wir für unsere Kinder Bilder mit solchen Figuren gestalten, so müssen wir noch viel mehr darauf achten, daß es keine steifen, einförmigen Bilder werden und daß die Zwerge nicht allzu präzise ausgearbeitet sind und immer wieder anders ausfallen müssen.

Karikaturen

Wenn man nach einfachen Bildern für einen Baum, ein Haus oder einen Zwerg sucht, landet man sehr schnell bei der Karikatur. Zwar wird in einer Karikatur auch eine typische Eigenschaft ausgedrückt, aber dann so übertrieben, daß es einen humoristischen Effekt hat. Dieser Humor kann in einem der folgenden Lebensalter richtig sein, wenn nämlich die Kinder erkennen können, daß es sich um eine Verzerrung der Wirklichkeit handelt. Aber als kleine Kinder müssen sie zuerst die Wirklichkeit kennenlernen. In der heutigen Kultur sind Karikaturen so weit verbreitet (wir brauchen uns nur die Comics oder die Markenzeichen einiger Produkte anzusehen), daß man sich selbst immer wieder wachrütteln muß, um wahrzunehmen, was noch Bild und was bereits zur Karikatur geworden ist. Die Generation, die nach 1945 geboren ist, hat diese karikaturartigen Bilder in einer unbewußten Schicht in sich aufgenommen. Wenn ich in Plastizierkursen für Erwachsene die Aufgabe stellte, das Charakteristische eines Tieres durch Herausarbeiten der Form darzustellen, ist es mir

häufig aufgefallen, daß eine Art Micky Mouse entstand anstelle einer Form, die Schnelligkeit und Neugier des Mäuschens zeigt.

Manchen Künstlern gelingt es, das Charakteristische eines Tieres wiederzugeben, ohne daß es eine Karikatur wird. Franz Marc ist ein überzeugendes Beispiel. In den Linien und Farben seiner Zeichnungen und Gemälde wird das Charakteristische eines solchen Tieres ausgedrückt. Um zu solchen Vereinfachungen zu gelangen, hat er jedoch mit einer unendlich großen Liebe die Tiere wahrgenommen und sie immer und immer wieder gezeichnet.

Wer aber gerade erst damit beginnt, Illustrationen für Kinder anzufertigen, bleibt lieber so nah wie möglich an der Natur. Am besten malt man daher ein Eichhörnchen so, daß es wirklich ein Eichhörnchen ist, daß unser Kind es erkennen und benennen kann, sei es auch noch so einfach dargestellt.

Wenn wir Zwerge malen wollen, begeben wir uns natürlich in einen problematischen Bereich.

Abb. 12: Schneewittchen

Die meisten von uns Erwachsenen können keine Zwerge wahrnehmen, und da ist es dann viel schwieriger als bei Tieren zu entscheiden, wann es sich um eine Karikatur handelt und wann um ein wirkliches Bild, das mit den Beschreibungen der Märchen oder Volksbücher übereinstimmt. Allerdings kann man diese Geschichten lesen, um zu einer eigenen Vorstellung zu kommen, oder man kann verschiedene Bilder und Illustrationen nebeneinanderlegen und sie anschauen und dann entscheiden, bei welchen Bildern man das Gefühl hat, daß sie den Charakter des Zwerges ausdrücken.

So können wir versuchen, ein Bild aufzubauen. Wenn es einfach und nicht zu überladen ist, kann das Kind es mit seiner eigenen Phantasie ergänzen, es bildet sich durch die Geschichten, die es hört, eine Reihe von Vorstellungen, lernt Charakterzüge kennen, die zu einem Zwerg gehören, und fügt diese eigenen Bilder der Abbildung hinzu, die es vor sich sieht.

Wenn wir auf unsere eigene Kindheit zurückblicken, ist es vielleicht möglich, etwas von dieser ergänzenden Kraft der Phantasie zu entdecken. Beispielsweise sehen wir ein Buch wieder, das einen großen Eindruck auf uns machte, als wir klein

Abb. 13: Schneewittchen und die sieben Zwerge

waren. In unserer Erinnerung waren es wunderschöne, stimmungsvolle Bilder, aber jetzt wirken sie auf uns eher kahl oder sogar häßlich. Damals ergänzten unsere eigenen inneren Bilder diese Abbildungen zu einem prächtigen Ganzen.

Wenn man mit Kindern zeichnet oder malt, merkt man, daß sie unendlich viel – beispielsweise an dem so mühsam zustande gebrachten Löwen – erleben; er ist wirklich für sie vorhanden. Einige Kinder behalten dieses Gefühl, aus dem heraus sie die Abbildungen ergänzen können, sehr lange, andere fallen schon früh aus diesem Paradies heraus und schauen mit skeptischem Blick, fast schon wie in der Pubertät, auf die Dinge, die sie um sich herum haben.

Gestalten aus Comics, aber auch Tiere und Menschen aus Büchern für die Allerkleinsten sind oft so stereotyp und so festgelegt in der Form, daß kaum noch etwas aus der Phantasie hinzugefügt werden kann. Es sind perfekt gemalte Gestalten, nicht so realistisch wie draußen in der Natur – also nicht ein Kaninchen, wie das Kind es draußen wiedererkennen kann –, sondern Vereinfachungen und in der Regel Verzerrungen der Realität.

Volksmärchen

Bei einem Märchen ist die Erzählung selbst das Wichtigste. Es geht um die Entwicklung, die der Prinz oder die Prinzessin durchmacht, damit ein bestimmter Auftrag erfüllt werden kann. In einer Reihe von Bildern oder Ereignissen muß die Hauptperson ein klar benanntes Ziel erreichen. Der Prinz zieht in die Welt, begegnet jemandem, der in Not ist, und übersteht allerlei Prüfungen, um denjenigen zu befreien. Das Böse muß überwunden werden und wird unerbittlich bestraft. Für unser heutiges Empfinden sind es oft sehr schwere Strafen. Ein Kind erlebt das anders, es

versteht unbewußt, daß diese Märchengestalten Teile der menschlichen Seele repräsentieren und daß es darum geht, gute Eigenschaften zu entwickeln und schlechte Eigenschaften zu überwinden. Märchen sind aber nicht für alle Lebensalter geeignet. Kinder können erst dann etwas mit ihnen anfangen, wenn sie selbst innerlich mehr erleben. Wir können beobachten, daß ein Kind sich im Laufe seines fünften, sechsten Lebensjahres verändert. Es bekommt eine eigene, träumende Innenwelt. Es kann plötzlich ängstlich werden, was früher niemals der Fall war. Anstatt nach außen ist es jetzt mehr nach innen gewendet. Erlebnisse wirken sehr intensiv, haften länger, den Kindern öffnet sich eine Welt, in der sie noch wenig Halt haben. Märchen können Ordnung in diese Welt bringen, sie geben Mut und Vertrauen, daß angsteinflößende Dinge überwunden werden können. Man sollte also nicht zu früh damit beginnen, Märchen zu erzählen, sondern erst dann, wenn Kinder wirklich das Bedürfnis danach haben, so um das fünfte, sechste Jahr herum. Und dann ist die Geschichte selbst das Wichtigste. Es gibt sehr viele Bilderbücher, in denen Märchen illustriert werden; sie unterscheiden sich in ihrer Qualität beträchtlich voneinander. Es ist nicht einfach, ein Märchen so zu illustrieren, daß die inneren Erlebnisse das Entscheidende bleiben und die eigene Phantasie des Kindes nicht durch vollständig ausgearbeitete Abbildungen gelähmt wird.

Auf der anderen Seite gibt es auch Bilderbücher, in denen der Prinz nicht mehr als ein solcher zu erkennen ist, in denen der Fuchs nicht mehr wie ein Fuchs aussieht, weil alles in vagen Farben verschwimmt.

Bei einem Märchen geht es um die Aufeinanderfolge von Bildern der Geschichte, es geht um die Entwicklung in der Zeit. Eigentlich müßte man also erzählen, es mit Puppen oder Marionetten aufführen oder als Theaterstück spielen.

Wenn man ein Wandbild an Hand eines Märchens gestalten will, ist es nicht einfach, das erzählende Element hineinzubringen. Es besteht die Gefahr, daß es viel zu kompliziert wird. Einmal habe ich das Märchen von Frau Holle genommen. Dabei ließ ich das Mädchen aus dem Brunnen in das Reich der Frau Holle kommen, es ging zum Ofen, dessen Tür man öffnen konnte, zum Baum, der sich bewegen konnte, bis hin zum Haus, aus dessen Fenster ein kleines Kissen an einem Bändchen hing. Und am Schluß verschwand es wieder durch das goldene Tor ins normale Reich der Menschen. Das ist nur ein Teil der Geschichte. Eigentlich müßte man noch eine zweite Ebene dazufügen, so daß das andere Mädchen, das faul ist, auch an all diesen Plätzen entlanggehen und am Schluß durch ein Tor mit Pech verschwinden kann. Aber das wird dann eine äußerst komplizierte Konstruktion.

Man kann auch eine Art zusammenfassendes Bild eines Märchens herstellen wie bei Schneewittchen, das in einem Zwergenhäuschen steht. Die Zwerge können sich auf diesem Bild alle an ihrem eigenen Platz bewegen. Bei einem solchen Wandbild erzählt man die Geschichte um das Bild herum. Die Entwicklung steckt dann nicht im Bild; es ist nur ein lebendiger Anlaß zum Erzählen dieser Geschichte (s. Abb. 12 und 13).

Mehrfach habe ich auch Rotkäppchen mit dem Wolf dargestellt. Beide, sowohl Rotkäppchen als auch der Wolf, konnten sich bewegen, sie konnten sich begegnen und abwechselnd zum Häuschen der Großmutter gehen. Der Wolf konnte auch verschwinden: hinter einem Baum – aber er war nie tot. Sobald man am Bändchen zog, kam er wieder zum Vorschein. Das ist also von der Geschichte aus gesehen nicht gut, denn das Böse bleibt hinter einem Baum versteckt, und eigentlich sollte es ganz überwunden werden und dann verschwunden sein (s. Abb. 14).

Bewegliche Bilder

Kinder besehen sich ihre Bilderbücher oft viele Male hintereinander; einige Bücher sind ihnen sehr liebgeworden, andere fesseln sie weniger. Wenn sie ein Bilderbuch mit beweglichen Bildern besitzen, gehört das oft zu den sehr geliebten. Warum sollte aber so ein bewegliches Buch interessanter sein? Der Unterschied liegt in der aktiven Tätigkeit des Kindes. Es kann mehr tun, als nur die Seiten umschlagen. Oft besieht ein Kind ein normales Bilderbuch auch gar nicht richtig, es ist mehr damit befaßt, es zu «lesen», so wie die Erwachsenen das auch tun. Und dabei fällt ihnen vor allem auf, daß die Seiten umgeschlagen werden. Und das macht das Kind dann auch, jedoch oft mit solcher Energie, daß man als Erwachsener ruft: «Paß auf, das schöne Buch!»

Mit den beweglichen Wandbildern wird diesem Tätigkeitsdrang Rechnung getragen. Das Kind spielt mit den Elementen der Geschichte, es setzt selber den Zwerg oder die Bäuerin in Bewegung, das Kind wird zum Darsteller oder sogar zum Regisseur. Dadurch verbindet es sich viel stärker damit als mit einem perfekt gemalten Bild, das man an die Wand hängt. Als ich klein war, hatten wir zu Hause eine Anzahl Bilderbücher, in denen sich alles mögliche bewegen ließ. Man zog an einem Bändchen, und ein Zwerg kam zum Vorschein, man stieß an ein Stückchen Pappe, und die Schnecke kam aus ihrem Häuschen. Es waren schöne Bücher, die Mutter im Schrank aufbewahrte, denn nach einiger Zeit vertrugen sie die Behandlung der Kinder nicht so recht. Die kleinen Pappteilchen falteten sich doppelt zusammen, die Bändchen rissen ab, und man versuchte, zwischen die Seiten des Buches zu sehen, weil man wissen wollte, wie das Ganze funktionierte. Die Folge davon war, daß noch mehr Dinge aufhörten, sich zu bewegen.

Abb. 14: Rotkäppchen

Die Erinnerung an diese enttäuschenden Erfahrungen brachten mich, als ich selber Kinder bekam, dazu, bewegliche Bilder aus Holz anzufertigen. Eine Holzkonstruktion kann man so kräftig machen, daß ein Kind lange damit spielen kann. Natürlich geht mal ein Ziehbändchen kaputt, aber das ist nicht schwer zu reparieren. Ich gestalte die Bewegungen nicht allzu verwickelt, weil die Konstruktion dann auch zu kompliziert und empfindlich sein würde.

Die Wandbilder, die ich für das Wartezimmer eines Arztes oder für einen Kindergarten gemacht habe, waren meist aus dickerem Holz; auch die Eule im Baum war kräftiger, weil die Bilder durch die vielen verschiedenen Kinder, die damit spielten, mehr zu ertragen hatten.

Es ist immer wieder überraschend zu hören, wie Kinder sich mit den Wandbildern verbinden. Wenn die Eltern ein Lied dazu singen oder eine Geschichte dazu erzählen, wollen sie dies jedes Mal wieder hören. Sie gehen auch mit den Figuren sehr erfinderisch um: Wenn man den Zwerg auf die Seite legt, so schläft er, und wenn man ihn aus seiner Spalte herausholt und ihn an seinen verschiedenen Bändchen hinter dem Bild baumeln läßt, so geht er gerade spazieren.

Bewegliche Bilder befriedigen also das Bedürfnis der Kinder nach eigener Betätigung, danach, selber Einfluß auf das zu nehmen, was geschieht. Davon abgesehen aber ist Bewegung grundsätzlich mit dem Leben verbunden. Wo Leben ist, da ist auch Bewegung. Schauen wir uns nur das Wasser an, Wasser als Voraussetzung jedes Weiterlebens. Das Wasser eines Bächleins ist in dauernder Bewegung. Das sehen wir, wenn wir kleine Zweige mit dem Wasser dahintreiben lassen. Kinder können stundenlang mit Wasser spielen: kleine Dämme bauen, Blätter treiben lassen, fortwährend untersuchend, welche Bewegungen dabei entstehen, in welchen unerwarteten Wirbeln ihr Schiffchen landet.

In einem Gemälde ist ein Stück Leben zur Ruhe gekommen. War es ein guter Maler, so hat er in diesem Bild den Schein von Leben wahren können und durch seine Art des Malens etwas hinzugefügt. Es wird dann mehr in uns angesprochen, als wenn wir ein entsprechendes Foto sehen.

Ein bewegliches Gemälde ist lebendiger als ein normales Bild. Auch wenn wir der kleinen Gestalt darin nur einmal am Tage einen anderen Platz geben, so bleibt dieses Bild immer wieder überraschend und erweckt immer wieder einen anderen Eindruck, der unsere Aufmerksamkeit erregt.

Dem Bedürfnis der Kinder nach Bewegung kommt man heutzutage durch das Fernsehen in hohem Maße entgegen. Und da bekommen sie oft mehr an Bewegung zu verarbeiten, als sie ertragen können. Man braucht dafür noch nicht einmal auf den Inhalt der Bilder zu achten. Schon allein, wenn man auf das Tempo schaut, in dem Kinderprogramme über den Schirm rollen, wird man kurzatmig. Zum Träumen bleibt keine Zeit mehr, den Kindern werden so viele Eindrücke angeboten, daß sie ihnen innerlich nachgalloppieren müssen, in dem steten Versuch, zu begreifen, was da eigentlich geschieht. Ihre Sinne und ihr Denkvermögen werden in sehr hohem Grade angesprochen, ihr natürlicher Bewegungsdrang unterdrückt. Aber dieser Drang ist so stark, daß sie nach einiger Zeit auf dem Sofa hin und her rutschen und wippen. Und wenn der Fernseher ausgeschaltet wird, sind sie todmüde.

Wer selber schon mal einen ganzen Abend lang «gezappt» hat, weiß, wieviel Energie das kostet. Während nämlich ein Gemälde etwas Besonderes enthält, etwas, das noch hinzukommt und auf uns als Betrachter darum erquickend wirken kann, wirkt der Fernseher engergieverschlingend. Und unsere Kinder sind am empfindlichsten dagegen, weil sie all ihre Energie und Lebenskraft noch brauchen, um zu wachsen. Je kleiner sie sind, desto stärker gilt dies. Wenn wir ihnen eine Geschichte erzählen, entstehen zwar auch Bilder, aber die sind in ihnen selber, sie selbst stellen sich die Ereignisse vor. Das eine Kind sieht mehr als das andere, aber es sieht nie mehr, als es verkraften kann, es findet seine eigene Geschwindigkeit. Je öfter und je variationsreicher wir erzählen – und es kann gern ab und zu ein Bild dabei gezeigt werden, woran das Kind seine Vorstellungen knüpft –, desto lebendiger wird die innere Bilderwelt des Kindes.

Farben und Farbperspektive

Kleine Kinder nehmen den Raum nicht so wie Erwachsene wahr, sie erleben Nähe und Ferne auf andere Art. Wer gut hinhört, kann es manchen Bemerkungen der Kinder entnehmen. Sie sehen beispielsweise nicht, daß uns die eine Wolkenschicht näher ist und sich durch die andere Schicht hindurchbewegt. Sie haben keine Vorstellung davon, daß das Haus in der Ferne oder der Fluß, den sie von einem Hügel aus liegen sehen, mindestens zwei Stunden Fußweg entfernt ist.
Das drücken Kinder auch in ihren Zeichnungen aus. Sie benutzen keine Perspektive, sondern setzen die Dinge nebeneinander. Weit entfernt liegende Häuser werden nach einiger Zeit auf eine zweite Grundlinie gemalt, Bäume am Fluß werden manchmal umgeklappt (man sieht den Fluß von oben, die Bäume liegen flach auf dem Boden).
Eine solche Art der Darstellung finden wir auch in alten ägyptischen Bildern. Auch in der europäischen Kunst vor der Renaissance wurden die

Landschaften ganz anders als später gemalt. Darin können wir eine Parallele zu den Kinderzeichnungen sehen. Die Dinge stehen nebeneinander, sie sind flach. Die Felsen von Giotto sind völlig anders als die Landschaften von Dürer. Bei Giotto gibt es noch keine Tiefe, während wir in ein Gemälde von Dürer geradezu hineingehen können (Abb. 15 und 16).

Nicht nur die Raumwahrnehmung, sondern auch die Farbwahrnehmung der Kinder ist anders, Kinder nehmen Farben viel intensiver wahr als Erwachsene. Doch auch unsere Farbwahrnehmung wird stärker, wenn wir selber malen, wir sehen viel mehr als vorher. Solange wir wirklich damit beschäftigt sind, Farben und Farbnuancen wahrzunehmen, ist diese Intensität vorhanden, doch wenn wir eine Zeitlang nicht daran arbeiten können, nimmt sie schnell wieder ab.
In den Kindheitserinnerungen vieler Menschen spielen Farben eine Rolle. Das kann ein Eckchen im Garten sein, in dem die Sonne auf ganz unglaublich grünes Gras schien, oder der intensive Duft von Blumen. Und bei diesen Erinnerungen hört man sofort wieder das Summen der Bienen, fühlt die Wärme des Sommers.
Die intensive Farbwahrnehmung kleiner Kinder können wir nutzen, wenn wir etwas für sie herstellen. Da es wichtig ist, etwas von der Wirkung der verschiedenen Farben zu wissen, folgt ein gesondertes Kapitel über den Charakter der Farben (s. S. 28).
Manche Farben treten stärker in den Vordergrund, andere suggerieren eine Ferne, sie weichen zurück. Insgesamt kann man sagen, daß Rot nahe und Blau weiter weg ist. Dies nennt man die «Farbperspektive». Betrachtet man dieses Phänomen aber nuancierter, dann erhebt sich ein Farbregenbogen (Rot, Orange, Gelb, Grün, Blau, Indigo, Violett) zwischen uns und der Grenze dessen,

was wir am Horizont wahrnehmen können. Wer über eine Hügellandschaft schaut, kann sehen, daß die Hügel, die aus der Nähe grün sind, in der Ferne immer blauer werden. Manchmal, wenn etwas Nebel in der Luft liegt, sind die entferntesten Hügel sogar fast violett. Und wenn am Abend das Licht in der untergehenden Sonne immer röter wird, erscheint eine rote Blume im Garten viel röter, sie bekommt eine ganz intensive Farbe. Für unser Gefühl kommt sie uns jetzt näher; die sie umgebenden grünen Blätter werden durch die Dämmerung eher grau und fallen nicht mehr so auf. Das ist ganz anders als mitten am Tage im hellen Licht.

Die Farben Rot, Orange, Gelb und Hellgrün treten am stärksten in den Vordergrund. Ab Blaugrün, über Blau, Indigo bis hin zum Violett scheinen sie immer weiter entfernt zu sein. Das Grün in der Mitte, Smaragdgrün, könnte man den Wendepunkt zwischen den beiden Gebieten nennen.

Abb. 16: Landschaft von Albrecht Dürer

Abb. 15: Landschaft von Giotto

Zu jeder leuchtenden Farbe gehören gedämpfte Farben. So gehören die verschiedenen Braunfarben zu den roten Farben. Das können wir sehr schön wahrnehmen, wenn wir Rosen in eine Vase stellen und sie sehr lange darin stehen lassen. Die karminroten Rosen, das sind die Rosen, die wir uns vorstellen, wenn man von «roten Rosen» spricht, werden nach einiger Zeit immer trockener, die Farbe wird immer dunkler bis beinahe schwarz. Zinnoberrote Rosen, die also mehr zum Orange neigen, werden von ihrem Hellrot immer dunkler rot und dann dunkelbraun. Orangefarbene Rosen bekommen einen wärmeren braunen Ton – gebranntes Siena –, und gelbe Rosen werden gelblich braun. Man muß dazu die Rosen an einen nicht zu hellen Platz stellen, denn helles Licht läßt die Farben anders verbleichen.

Beim Malen können wir diese gedämpften Farben gut gebrauchen. Wenn wir Orange heller strahlen lassen wollen, müssen wir die Farbe nicht dicker auftragen, sondern gebranntes Siena daneben setzen. Ich benutze es immer, wenn ich Zwerge male, die sich im Bild bewegen. Der Zwerg mit der orangefarbenen Mütze bekommt einen war-

Abb. 17: Ausschnitt aus Abb. 96

Wir wollen beispielsweise auf einem Märchenbild die Prinzessin in ihrem Festkleid darstellen. Wenn dies ein gelbes Kleid ist, so wird das sehr schön, wenn ein zartes Braun in den Falten des Kleides und auf dem Fußboden verwendet wird. In das Bild kommt Tiefe; und die ganze Gestalt wird erstrahlen, wenn man Blau um sie herum malt. Das hervortretende Gelb sticht gegen das Blau der Ferne ab (s. Abb. 19). Auch der Prinz wird in seinem roten Mantel erst klar hervortreten, wenn Blaugrün darum gemalt ist.

Im nächsten Kapitel sollen die Farben eine nach der anderen besprochen werden, und zwar in der Reihenfolge, wie sie auch im Regenbogen zu finden sind, von der Nähe zur Ferne. Wenn man sich lange damit beschäftigt, bekommt jede Farbe ihren eigenen Charakter. Diesen Charakter braucht man, um die Stimmung in einem Bild hervorzurufen, die zum Thema paßt.

men, braunen Leib, für die Beine dann ein noch dunkleres Braun. Ein gelbes Mützchen bildet wiederum eine Einheit mit einem ockergelben Jäckchen und etwas dunkelbrauneren Beinen; wenn diese Farben dann auch noch an anderer Stelle auf dem Bild vorkommen, entsteht ein schönes Ganzes (s. Abb. 17 und 18).

Farbperspektive ist beim Malen von Wandbildern, aber auch beim Illustrieren von Märchen von Bedeutung. Man kann dadurch bestimmte Dinge nach vorn holen oder auch gerade Tiefe und Raum im Bilde schaffen. Es entsteht dann eine Welt, in die man «hineingehen» kann, keine flache Platte, ein Kind kann richtig zu träumen beginnen. Diese Art, Raum zu suggerieren, schließt an das kindliche Raumerleben an. Das Verhältnis zwischen den näheren und den entfernter liegenden Dingen bezüglich ihrer Form und Größe ist weniger wichtig als Farben und Intensität.

Abb. 18: Schlüsselanhänger (s. auch S. 115)

Abb. 19: Aussschnitt aus Abb. 9

3 Der Charakter der Farben

Bevor ich zum praktischen Beschreiben des Malens auf Holz komme, will ich erst auf die Eigenschaften der verschiedenen Farben und auf die Stimmung, die sie hervorrufen, eingehen. Während des Arbeitens ist man sich natürlich nicht ständig bewußt, warum man eine bestimmte Farbe für eine bestimmte Figur verwendet, warum man die Luft manchmal blau und ein anderes Mal gelb malt. Aber je länger man sich mit Farben befaßt, desto mehr entdeckt man die Möglichkeiten, durch den Gebrauch bestimmter Farben mehr auszudrücken als nur die inhaltliche Seite.

Die verschiedenen Rottöne

Es gibt nicht nur eine Farbe Rot. Eigentlich ist es ein Gebiet mit sehr vielen verschiedenen Nuancen, verschiedenen Tönen und ihrem jeweils eigenen Charakter.

In der alten persischen Kultur gab es sehr viele Namen für die unterschiedlichen Rottöne. Eine Ahnung dieser differenzierten Farbwahrnehmung bekommt man heute noch beim Betrachten der Perserteppiche.

Wir gehen mehr oder weniger unbewußt davon aus, daß die Menschen früher genauso gedacht und wahrgenommen haben wie wir. Sehr wahrscheinlich aber war es doch ganz anders, wie auch gegenwärtig in jeder Kultur der Welt die Menschen andere Dinge wichtig finden und sie auf andere Art betrachten.

Im Laufe der Menschheitsentwicklung hat der Mensch es immer mehr verlernt, erzählend oder in Bildern zu denken. Dafür wurde das exakte, naturwissenschaftliche Denken immer stärker entwickelt. Parallel dazu scheint eine Verschiebung vom differenzierten Wahrnehmen der vielen rötlichen Farben zugunsten eines stärkeren Unterscheidungsvermögens für die verschiedenen Blautöne stattzufinden.

Etwas Vergleichbares können wir bei der Entwicklung des Kindes wahrnehmen. Kleine Kinder, die noch nicht abstrakt denken, nehmen Rot viel intensiver wahr als die meisten Erwachsenen. Will man sich diese Fähigkeit erhalten, so muß man sich richtig darin üben, Farbnuancen zu sehen. Wir Erwachsenen nehmen in erster Linie die Form der Dinge wahr, wir verbinden unmittelbar Begriffe damit, suchen automatisch einen Zusammenhang mit dem, was wir wissen, und fügen das Gesehene in unser Weltbild ein. Keinesfalls ist die Farbwahrnehmung primär.

Schaut man aber einmal mehr träumend beispielsweise auf eine Landschaft und versucht, nur die Farben auf sich wirken zu lassen, dann werden diese Farben sehr intensiv. So kann man auch einen Wolkenhimmel anschauen; vergißt man einmal den Gedanken «Wolke = grau», so sieht man auf einmal sehr viele Farben. Die holländischen Maler des vorigen Jahrhunderts sind berühmt für ihre Wolkenhimmel, man sieht es ihren Bildern an, daß sie eine derart differenzierte Wahrnehmung geübt haben.

Kinder haben von Natur aus eine mehr träumende Wahrnehmung, es sind noch nicht so viele Begriffe mit ihr verbunden. Daher machen die

Farben der Dinge zu Beginn auch einen größeren Eindruck auf sie als die Formen. Im Älterwerden wird das Begriffsvermögen stärker, und die Formwahrnehmung beginnt vorzuherrschen. Man kann versuchen, sich in solch ein träumendes Bewußtsein mit starken Farbwahrnehmungen hineinzuleben, die Welt sieht dann ganz anders aus. Man entspannt die Augen, indem man vor sich hin blickt, man muß vergessen, was man sieht, setzt aber die Farbflächen des blühenden Baumes, des grünen Strauches und des Hauses nebeneinander. Zuerst liegen sie dann auf einer Ebene, danach aber kann man oft erleben, daß die roten Farben nach vorne kommen, die blaugrünen zurückweichen. Dann ist es nachvollziehbar, daß die roten Farben, die in den Vordergrund treten, am stärksten erlebt werden.

In drei großen Schritten können wir durch das Gebiet der roten Farben schreiten, vom rosaroten Magenta über das warme Karminrot zum kräftigen Zinnober. (Die Namen der Farben sind die gebräuchlichen Namen, die auch auf den Farbtuben stehen. Auf Seite 45 wird näher auf die geeigneten Farben zum Bemalen der Holzbilder eingegangen. Eine Abbildung der verschiedenen Farben mit ihren Namen befindet sich auf Seite 46.)

Magenta

Das rosarote Magenta ist eine Farbe, die eine traumartige Stimmung hervorruft. Es ist die Farbe der Wolken, morgens, bevor die Sonne heraufkommt. Dann ist eine dämmerige, rötliche Stimmung am Himmel. Man kann zu den Wolken hinaufblicken, aber sie sind wie ungreifbar, es ist schwierig, sie scharf zu erkennen. Bald darauf verschwindet diese Farbe. Schon nach kurzer Zeit wird alles heller und lichter, die Sonne er-

scheint, und überall leuchtet das goldfarbene Licht.

Magenta ist eine flüchtige Farbe. Man kann sie gut verwenden, um eine verträumte, geheimnisvolle Stimmung bei der Illustration eines Märchens hervorzurufen (s. Abb. 20). Vor allem ist es eine verbindende Farbe. Man kann eine ganz dünne Schicht aufgelöster Wasserfarbe über einen Teil des Bildes malen. Dinge, die zu isoliert, zu trocken nebeneinander lagen, werden dann zu einem Ganzen verbunden. Sofort wird alles wärmer, und dadurch, daß der Teil, über den man noch einmal hinweg gemalt hat, verträumter geworden ist, wird der Rest heller, so daß die Aufmerksamkeit stärker darauf fällt.

Abb. 20

Karminrot

Karminrot ist die warme, dunkelrote Farbe, die von alters her mit der Liebe, mit dem menschlichen Herzen verbunden ist. Ein Strauß dunkelroter Rosen von einem Liebhaber an seine Geliebte drückt etwas von der Intensität der Liebe aus, das nicht so einfach in Worte zu kleiden ist. Wenn wir einem Freund oder einer Freundin nach langer Zeit an unerwartetem Ort begegnen, spüren wir Wärme und Begeisterung ganz durch uns hindurch bis in unser Herz gehen. Es ist nicht jene Freude, die uns in die Luft springen läßt, sondern eher ein ruhiges, warmes Gefühl. Es ist die Wärme, die unsere Verbundenheit mit einem anderen Menschen ausdrückt.

Die Stimmung des Karminrot ist die einer solchen ruhigen Wärme. Es ist eine Stimmung, die man empfinden kann, wenn man unter Menschen ist, bei denen man sich heimisch fühlt. Und es hängt von den Menschen ab, die man kennt, in welchem Maße man sich auf der Erde heimisch fühlt. Wenn genügend Menschen um uns herum sind, zu denen eine wirkliche Verbindung besteht, dann haben wir das Gefühl, von ihnen getragen zu werden, wir fühlen uns heimisch an dem Ort, an dem wir leben. Viele Menschen haben dieses Gefühl nicht, sie sind einsam. Wahrscheinlich kennen sie genug Menschen, spüren aber keine warme Verbundenheit mit ihnen.

So wie das Karminrot ein Ausdruck der Geborgenheit ist, gibt es auch eine Farbe, die Einsamkeit ausdrückt: das Indigo, das bei den Farben Blau beschrieben werden wird.

Kleine Kinder lieben das Karminrot sehr. Wenn ein Baby aus seiner ersten Phase erwacht, die nur aus Schlafen und Trinken besteht, einer Phase, die mit dem träumerischen Magenta übereinstimmt, dann entdeckt es allmählich seine Umgebung und fühlt vor allem die Wärme zwischen sich selbst und denen, die es versorgen. Schauen wir es an, so lacht es. Eine mächtige Wärme strahlt von diesem Kind aus, eine Freude darüber, daß es mit anderen Menschen verbunden ist.

In einer Familie kann ein Kind in dieser Phase ganz stark verbindend wirken; schwierige Stimmungen oder lästige Eigenschaften werden vergessen, wenn das Baby lacht. Man könnte dies die Zeit des Karmin nennen. In der Natur sehen wir Karmin, außer bei Blumen, nur selten. Sehr wenige Edelsteine und nahezu keine Tiere sind karminrot, Schmetterlinge oder exotische Vögel an einigen Plätzen der Erde sind die Ausnahmen. Karminrot am Himmel sehen wir niemals am hellen Tag, sondern nur in der Dämmerung. Manchmal ist die Sonne unmittelbar über dem Horizont, eben bevor sie untergeht, karminrot. Wenn sie dann gleich darauf verschwunden ist,

Abb. 21: Ausschnitt aus Abb. 4

sind für eine kurze Zeit noch prächtig strahlende karminrote Wolken am Himmel sichtbar, ähnlich wie auch ein warmes Feuer ganz zum Schluß noch mit ein paar dunkelrot gefärbten Holzscheiten nachglüht. In der schwarzgrauen Asche ist die warmrote Glut besonders gut zu sehen. Bei unseren Kinderbildern kann man das Karminrot zum Beispiel verwenden, um das Dach eines Hauses zu malen, dann drückt es Geborgenheit und Sicherheit aus (s. Abb. 21). Und außer für rote Rosen kann man es verdünnt auch für den Abendhimmel malen, etwa bei einer Drehscheibe für Tag und Nacht (s. Abb. 79 bis 81).

Und schließlich ist Karminrot auch ein Hilfsmittel, um den Übergang von einer Bahn gelben Sonnenlichtes in die umgebende blaue Luft schön verlaufen zu lassen. Bei einem Sternenhimmel (s. S. 59) wird Karminrot auf vergleichbare Weise verwendet.

Abb. 22: Ausschnitt aus Abb. 13

Zinnoberrot

Das ist das aktive, grelle Rot. Viele Menschen nennen es Orange, aber es ist schwerer als Orange. Es tritt sehr stark in den Vordergrund; auch wenn man nur ganz wenig davon nimmt, ist es dominant. Es hat nichts von dem Träumerischen von Magenta, es ist kräftig und wach.

Daher kann man sehr wohl einen holzhackenden Zwerg, der aktiv tätig ist, zinnoberrot malen, während man einen Zwerg, der sich hinter einem Baumstamm versteckt und dann plötzlich wieder zum Vorschein kommt, hellgelb malt, um die nichtsnutzige Verspieltheit auszudrücken (s. Abb. 22).

Wenn sich ein kleines Kind um das dritte Lebensjahr herum als eigenes Persönchen zu erleben anfängt und merkt, daß es sich gegen seine Umgebung auflehnen kann (die bekannte Trotzphase), dann ist dieses Kind, so könnte man sagen, in seiner zinnoberroten Zeit. Wenn man Kinder in diesem Alter beobachtet, fällt folgendes auf: Sie sind emsig beschäftigt, stapeln die verschiedensten Gegenstände aufeinander, schieben Stühle umher, klettern auf Tische oder noch lieber auf andere, gefährlichere Konstruktionen, sausen auf ihrem Dreirad fort, um irgendetwas zu erledigen, und haben überhaupt keine Zeit für Eltern, die sie auffordern, auf die Toilette zu gehen oder sich die Hände zu waschen. Sie haben ihre eigenen Pläne und wünschen keine Einmischung von außen. Und sie genießen es geradezu, gelegentlich nicht zu tun, was die Eltern wollen.

Zinnober hat genau diesen Charakter der ausdrücklichen Präsenz. Man darf nicht zuviel davon für ein Bild verwenden, denn dann beherrscht es alle anderen Farben. Wenn es nicht zu massiv wirken soll, dann muß man es nuanciert malen, so daß Bewegung darin sichtbar wird, sonst ist es zu schwer und zu drohend, etwa wie die Stimmung in der Umgebung von jemandem, der gleich einen Wutanfall bekommt.

Die Beharrlichkeit dieser Farbe finden wir auch bei zinnoberfarbenen Blumen. Geranien beispielsweise blühen im Sommer Monate hindurch ohne Pause. Und es gibt viele zinnoberrote Früchte, zum Beispiel Tomaten, Paprika, roten Pfeffer (dessen feuriger Charakter auch zu schmecken ist!) und Erdbeeren. Sie sind entweder wäßrig oder von innen hohl und voller Samen.

Zinnober gehört zur Erde, an manchen Stellen finden wir Sand und Felsen, die rot bis rotbraun sind, in der Wüste etwa gibt es eine Fülle von Rotnuancen.

Wir erleben es auch am Abendhimmel; am Morgen nämlich verkündet es nicht so gutes Wetter. Anders das sanfte, ruhige Magenta, das, wenn es in Goldgelb übergeht, einen schönen Tag ankündigt.

Orange

Orange ist eine strahlende Farbe, die sowohl Licht als auch Wärme enthält. – Bei den Farben, die wir bis jetzt besprochen haben, herrschte die tragende, kreative Wärme vor. Es waren Farben, in denen nicht so viel Licht war. Wenn die Sonne abends untergeht, wird der Rotton immer dunkler. Je dicker und substantieller die Luft zwischen uns und der untergehenden Sonne ist, desto röter wird die Sonne.

Wenn die Luft ganz wässerig oder sehr verschmutzt ist, färbt sich die Sonne schon weit

über dem Horizont rot. Manchmal geht die Sonne orange unter, dann ist die Luft ganz hell, es sind nur wenig trübende Bestandteile vorhanden.

So pendelt Orange immer hin und her zwischen Wärme – wo es stärker konzentriert ist – und Licht, wo es transparent ist und mehr zum Gelb tendiert. Am besten malt man es ohnehin nicht als gleichmäßige Fläche, sondern unterschiedlich intensiv. Dann kann es eine wahre Freude hervorrufen und in der Umgebung von Kindern deren noch unbeschwerte Lebenslust verstärken. Wer als Kind die Freude am Dasein wirklich erlebt hat, wird später ein größeres Vertrauen besitzen und Probleme mutiger ergreifen können.

Abb. 23: Ausschnitt aus Abb. 85

Gebranntes Siena

Gebranntes Siena ist ein Farbe, die dem Orange sehr verwandt ist: ein warmes Braun, das eigentlich ein «schwerer» gewordenes Orange ist. Es ist die Farbe vieler Kühe, besonders in den Alpen. Eigentlich müßten alle Kühe diese Farbe haben, denn sie paßt so gut zu dem, was die Kuh tut: Die Kuh frißt geduldig Gras. In einem langen Prozeß des Kauens, Wiederkäuens und Verdauens wird das Gras zu Milch umgewandelt, die ein wichtiger Bestandteil unserer Nahrung ist, vor allem für kleine Kinder, die sich mit der Erde verbinden und sich, ihrem Gefühl nach, die Welt erobern (s. Abb. 23). Die niederländische Malerei einer Zeit, die man in den Niederlanden das «Goldene Jahrhundert» nennt, das 17. Jahrhundert mit Rembrandt, Vermeer, Frans Hals, ist zu einem großen Teil in diese warm-braune Farbe getaucht. In den Gemälden

Abb. 24: Ausschnitt aus Abb. 92

von Rembrandt findet man diese Farbe mit Goldgelb und Dunkelbraun kombiniert; aus vielen braunen Farben strahlt das Licht hervor. Die Menschen jener Zeit hatten Freude am Leben, sie waren stolz auf ihre eroberte Selbständigkeit, auf ihr Bürgertum, das, im Gegensatz zum übrigen, damals noch feudalistischen Europa, auf Gleichheit basierte. Ihre Liebe zu den kleinen Dingen, zu Pflanzen und Tieren ihrer Umgebung erkennen wir an den vielen Stilleben, in deren Früchte man fast hineinbeißen könnte. Für Kinder ist gebranntes Siena eine sehr gesunde Farbe, weil sie soviel Wärme und soviel Freude am Dasein ausdrückt. Wenn Kinder selber malen, ist es sehr gut, wenn sie neben den hellen Farben, die zum grellen Licht mitten am Tag gehören, auch ab und zu solche gedämpften, irdischen Töne benutzen können, die Wärme und dämmrige Geborgenheit ausdrücken. Dadurch werden die hellen Farben noch besonders glänzen.

In einem Bild für ein Kind drückt der Baum mit einem Stamm aus gebranntem Siena genau diese tragende Kraft aus. Wenn dann noch ein Eichhörnchen in der Krone sitzt, das erscheinen und wieder verschwinden kann, taucht gebranntes Siena noch einmal auf, und es rundet sich zu einem spielerischen Ganzen ab (s. Abb. 24).

Gelb

Wenn wir in einem Wald spazierengehen, in dem Bäume mit hohen, geraden Stämmen wachsen, können wir dazwischen oft Bahnen goldgelben Sonnenlichtes sehen. Dieses Licht fällt in geraden Strahlen herein, manchmal an einer Seite sanft ins Dunkel der Umgebung verschwimmend und auf der anderen Seite scharf abgesetzt, manchmal an beiden Seiten in die dunkle Hintergrundfarbe übergehend. Eine solche Lichtbahn kann bis zum Boden reichen und dort Moos und Farne hellgrün aufleuchten lassen, manchmal wird das Licht auch schon vorher schwächer und geht dann in dunklere Töne über. In den Niederlanden ist die Luft im allgemeinen so wässerig, daß wir das Licht als gelbe Farbe sehen, und es ist für unser Gefühl nur folgerichtig, daß Licht gelb ist. Kinder malen die Sonne gelb mit gelben Strahlen, und genau das ist es auch, was sie sehen, es stimmt für unsere Umgebung. Doch wenn man anfängt zu malen, merkt man schnell, daß das Licht nicht gelb ist. Wenn wir eine Partie im Bild etwas heller haben wollen, können wir sie nicht einfach immer gelber machen; wir merken schnell, daß unser Gelb dann ein immer schwerer werdender, undurchsichtiger Fleck in unserem Bild wird.

Gelb ist dem Licht sehr nahe, dadurch wird es stark bestimmt, aber es kann auch sehr schnell vorherrschend werden. Wenn wir zu Frühjahrsanfang einen voll erblühten Forsythienstrauch ansehen, können wir die Schwere des Gelb in aller Intensität erleben. Ganz anders wirkt das Gelb des Goldregens, der einige Monate später blüht; dieses Gelb wirkt viel leichter, immer sind einige Farbnuancen nebeneinander, man sieht Grün zwischen den blühenden Dolden und dunklere Stellen, weil das Gelb der Blüten nicht so stark konzentriert ist.

Gelb ist eine Farbe, die mit der ganzen Natur verwoben ist, wir sehen es am Himmel, wir sehen es oft in Blumen (im Vorfrühling herrschen die gelben Blumen vor) und Pflanzen (vor allem im Herbst); viele Tiere haben irgendwelche gelben Teile an sich, und die Erde selber kann unterschiedliche Farbtöne von gelbem Sand enthalten. Für Naturbilder wird man es daher auch oft gebrauchen, doch muß man sehr vorsichtig damit

Abb. 25: Hirtenszene (s. auch S. 84/85)

sein. Wenn man es zuviel benutzt, wird das Bild kompakt und schwer. An den Bildreproduktionen, die in Museen erworben werden können, ist die jeweilig vorherrschende Gelbqualität im allgemeinen genau zu erkennen. Vor allem bei billigeren Reproduktionen von Bildern stimmen hingegen die Farben nicht, sehr oft sind sie viel zu gelb. Nimmt man solch eine zu gelbe Reproduktion und geht noch einmal zum ursprünglichen Werk zurück, dann sieht man genau, was da passiert ist: Alles ist massiver, weniger subtil geworden.

Wenn man das Wandbild mit dem Hirten und der Drehscheibe macht (s. S. 85), das eine gelbe Seite für den Tag, und eine dunkelblaue Seite für die Nacht hat, erkennt man die Wirkung dieser beiden Farben auf die umliegenden Grüntöne der Bäume. Wenn das gelbe Tageslicht an die Stelle des Himmels gedreht ist, erscheinen die Bäume in einem frischen Grün; wenn der Nachthimmel dran ist, erscheinen die Bäume und Sträucher dunkelgrün und haben so einen viel ruhigeren Charakter (s. Abb. 25). Farben beeinflussen sich gegenseitig sehr stark, besonders wenn sie nebeneinander stehen. Ebenso wie das Orange durch gebranntes Siena in seiner Umgebung heller und strahlender zu sein scheint, kann auch Gelb durch die Farben strahlender werden, die man daneben malt. Gelb kann man gut in Ockergelb oder Umbrabraun übergehen lassen, Brauntöne, die dem Gelb verwandt sind. Die jungen Blätter eines Baumes oder Strauches haben oft, wenn sie im Frühjahr gerade erst herauskommen, einen roten Schimmer, manchmal sind sie sogar richtig rot. Das Rot wandelt sich in Hellgrün, das im Hochsommer schwerer wird; dann kommt im Herbst plötzlich das Gelb zum Vorschein. Viele Blätter werden gelb oder orange, wenn sich das Leben aus ihnen zurückzieht, ihre Farbe wird außerordentlich intensiv und geht danach in verschiedene Braunnuancen über.

Hellgrün

Geradezu fröhlich ist das helle Gelbgrün der im Frühjahr hervorkommenden Birkenblättchen, die in Wind und Sonnenlicht tanzen. Die Farbe hat einen verspielten Charakter, wie ein kleines Kind, das im Garten umherhüpft und seine Aufmerksamkeit abwechselnd den unterschiedlichsten Dingen zuwendet.

Wenn die Buchen gerade ausschlagen, sieht man im Wald so etwas wie einen horizontalen Schleier aus Hellgrün zwischen den dunklen Stämmen; fröhlich und leicht werden wir da. Ein paar Monate später vermittelt uns derselbe Wald ein ganz anderes Gefühl, wenn eine geheimnisvolle, dunkle Stimmung zwischen den hohen Stämmen entstanden ist.

Gelbgrün ist sehr geeignet für Wandbilder, wenn es so luftig und rhythmisch gemalt wird wie viele impressionistische Bilder, etwa die von Monet oder Pissaro. Sobald es aber zu dick verwendet oder mit zuviel gelber Farbe vermischt wird, verliert es seine Leichtigkeit und bekommt, ebenso wie das zu massiv aufgetragene Gelb, einen schweren Charakter.

Da die Natur bei diesen Bildern eine so wichtige Rolle spielt, muß auch viel Grün dabeisein. In der Natur gibt es eine unendliche Variation an Grüntönen, vor allem, bevor der Sommer auf seinem Höhepunkt angelangt ist. Im Malen merkt man, wieviel verschiedene Nuancen man selbst herstellen kann. Geht man von einem mittleren Grün, dem Smaragdgrün, aus, dann kann man, indem man es mit Gelb vermischt, dieses helle Grün erreichen. Vermischt man es mit Blau, dann wird es eine viel ruhigere Farbe.

Wie vorher im Kapitel über die Farbperspektive schon deutlich wurde, sind die Grünnuancen ein Mittel dazu, Raum und Tiefe in einem Bild zu suggerieren. Wir sollten versuchen, beim Malen

Abb. 26: Osterhäschen (s. auch S. 73)

immer Übergänge entstehen zu lassen: hier und da etwas Hellgrün, das in ein anderes Grün übergeht oder auch in ein Ockergelb, wenn junges Gras neben einer Sandfläche wächst.

Den luftigen, verspielten Charakter des Hellgrüns der Birke erreicht man, indem man kleine Flächen rhythmisch nebeneinander setzt (s. Abb. 26).

Smaragdgrün

Wenn man Smaragdgrün ganz dünn malt, ist es fast weiß. Betrachtet man eine Glasplatte von der Seite, dann sieht man die Seitenkante grün; helles Wasser wirkt in einer weißen Schüssel grünlich. Diese Farbe kann also sehr transparent sein. Wenn das Licht der Sonne in unsere Erdatmosphäre fällt – außerhalb ist es als solches überhaupt nicht wahrnehmbar –, erscheint es zuerst in einer weiß-grünlichen Farbe, ganz durchsichtig. Erst wenn die Luft dicker ist, sei es durch Wasserdampf oder durch Staub, bekommt das Licht eine gelbe, orangene oder sogar rote Farbe. Es kann auch eine Art Braun werden. Je mehr Staub- oder Wasserteile in der Luft vorhanden sind (je mehr irdische Materie also), desto wärmer wird die Farbe des Lichtes. Daher sehen wir die Sonne, wenn sie durch eine immer dicker werdende, mit Staub und anderem angefüllte Luftschicht scheint, rot untergehen. In der dünnen Luft eines hohen Berges wird das Licht gleißend, weißlichgrün. Smaragdgrün liegt in der Mitte der Farbenreihe des Regenbogens. Alle Farben, die bis jetzt besprochen wurden, von den verschiedenen Rotfarben bis zum Gelbgrün, sind Farben mit vorwiegend warmem Charakter. Wenn das Licht eine dieser Farben annimmt, enthält es viel Materie, beziehungsweise Dunkelheit.

In den Gemälden von Rembrandt ist das Licht deshalb so schön, weil der Maler so viel Dunkelheit darum gelegt hat. In eine rotbraune bis schwarze Umgebung scheint ein goldgelbes Licht, das alle Gegenstände und Farben heller werden läßt.

Betrachtet man danach eines der Gemälde von Cézanne mit dem Mont Sainte-Victoire, betritt man eine andere Welt. Dort ist Raum, Weite und vielleicht Weisheit, aber nicht die Geborgenheit, die durch die rotbraunen Farben entsteht. Die Farben, die auf das Grün folgen – Türkis, Kobaltblau, Indigo und Violett –, sind ganz helle Farben, sie haben einen kühleren Charakter und geben dem Bild einen Raumeffekt. Bei richtigem Gebrauch dieser Farben entsteht auch ohne lineare Perspektive eine gewisse Tiefe im Bild. In den genannten Landschaften von Cézanne ist das gut zu erkennen.

Türkis

Die hellste, geradezu kristalline Farbe ist das Türkis. Es paßt in eine kalte Landschaft mit hellem, lichtem Himmel. Wir sehen es auf den Eisflächen eines Gletschers oder in den Schattenpartien einer Schneelandschaft.

Am Himmel über den Niederlanden kann man das Türkis bei klarem Frostwetter sehen. Diese Farbe paßt dagegen überhaupt nicht zu einer warmen Tropenlandschaft, wo die Luft heiß und flimmernd ist.

In der Fauna und Flora kommt Türkis vor allem bei Insekten vor, auch auf dem Bauch von Kaltblütern und ganz selten einmal an der Außenseite einer Blume, eines Enzians oder einer Lilie. Türkis ist eine kalte, helle Farbe, die aufweckt. Bei kaltem Winterwetter fällt es uns meist leichter, klar zu denken, als an einem schwülen Sommermittag. An einem solchen Mittag legt man sich am liebsten unter einen Baum ins Gras, sieht, hört und fühlt in träumender Wahrnehmung die Natur um sich herum. Kinder nehmen vieles peripher wahr, sie gehen ganz darin auf, zwischen ihnen und der Umgebung ist wenig Abstand. Türkis bewirkt das Gegenteil, es schafft Abstand, Kühle und Raum für klare Gedanken. Diese Eigenschaft kann man bei Kindern erst beobachten, wenn sie sehr viel älter sind und mit Vergnügen das erste mathematische Denken erobern und Freude an der klaren Logik erleben. In unseren Wandbildern für die noch jüngeren Kinder wird diese Farbe selten vorkommen, vielleicht in den violetten, türkisfarbenen und grauen Schattenpartieen einer Schneelandschaft.

Preußischblau

Preußischblau ist ein grünliches Blau, das eigentlich eingedicktes oder intensiviertes, man könnte auch sagen schwerer gewordenes Türkis ist. Dieses Türkis gehört zur dünnen Luft eines stillen Wintertages; es wird dann stark konzentriert aufgetragen, so daß eine harte, unbewegliche, kalte Farbe entsteht. Als man am Ende des vorigen Jahrhunderts mit der Herstellung synthetischer Farben begann, war dieses Pigment das erste. Bis dahin wurden alle Farben aus natürlichen Substanzen, aus Pflanzen oder Mineralien, gefertigt.

Aus Preußischblau kann man, vermischt mit Gelb, vielerlei Grünfarben herstellen. Gern wird diese Farbe in Malstunden, die auf einer etwas vereinfachten goetheschen Farbenlehre basieren, beim Mischen von Zwischenfarben verwendet: mit Gelb und Zinnober dazu entsteht Orange; aus Gelb und Preußischblau entsteht Grün; aus Karminrot und Ultramarinblau erhält man violett. Goethes «Farbenlehre» selber ist viel nuancenreicher. Wer sie liest, kann erleben, wie subtil Goethe seine Wahrnehmungen beschreibt und daraus Folgerungen über den Charakter der Farben zieht. Sein Werk ruft dazu auf, wahrzunehmen, mitzudenken; man wird für die gesamte, dauernd sich verändernde, reich gefächerte Welt der Farben wach.

Goethe geht von Gelb und Blau als zwei Polaritäten in der Farbenwelt aus, die gemeinsam Grün entstehen lassen können. Wenn eine Intensivierung, von ihm *Steigerung* genannt, des Gelb stattfindet, bildet sich die rote Farbe.

Wenn man mit Kindern arbeitet, ist es gut, sie im Malen die Unterschiede der Farben entdecken zu lassen. Im Tun entdecken sie, daß man viele verschiedene Farbnuancen mischen kann – die Grünfarben, die man mit Hilfe von Preußischblau

herstellen kann, sind nur einige der vielen Grün-
abstufungen, die man draußen in der Natur sieht.
Wegen seines festen, kalten Charakters verwende
ich bei der Arbeit mit Kindern – oder für sie – kein
Preußischblau. Die verschiedenen Nuancen des
Grüns können sie besser entdecken, indem man
Smaragdgrün mit Zitronengelb oder Ultramarin-
blau oder – für die eher moosartigen Farben – mit
Ockergelb oder gebranntem Siena kombiniert.

Kobaltblau und Ultramarin

Kobaltblau ist die Farbe des Himmels. Helles Kobaltblau findet man näher am Horizont, immer
dunkler werdendes Kobaltblau gerade über uns.
Wenn man darauf blickt, sieht man den Übergang
fast gar nicht. Erst wenn durch die so oft vorhande-
nen weißgrauen holländischen Wolken näher am
Horizont oder weiter oben ein Loch entsteht, erkennt man die feinen Unterschiede, die durch den
allmählichen Übergang entstehen.
Ultramarin ist ein noch dunkleres Blau, es liegt
näher am Violett. Bei uns ist der Himmel durch
den vielen Wasserdampf nicht oft so dunkel,
aber auf einem hohen Berg in dünner Luft kann
er durchaus ultramarin sein.
Wenn man eine blaue Luft malen will, kann man
am besten Farbe aus der Tube «Ultramarin» nehmen und sie verdünnen. In der Tube «Kobaltblau» ist oft ein Weiß mit hineingemischt,
wodurch die Luft weniger transparent wird.
Den eigentlichen, violettblauen Ton des Ultramarin verwende ich für den Nachthimmel auf
dem Nikolausbild (s. Abb. 102) oder auf den
Weihnachtsbildern (s. Abb. 49 und 105).
Das Blau des Himmels ist eine Farbe, von der
man viel um sich herum vertragen kann. Als Holländer ist man es gewohnt, an schönen Tagen
viel von diesem blauen Raum zu sehen. Dieses

Blau hat etwas Großzügiges, es ist weit entfernt
und gibt uns ein Gefühl der Freiheit und der Zeit-
losigkeit. So mancher Holländer fühlt sich bei
einem langen Aufenthalt in einem schmalen
Bergtal daher auch eingeengt und steigt unter
Aufbietung aller Kräfte auf die Berge, um dieses
Erlebnis von Weite, Freiheit und blauen Räumen
noch viel intensiver zu erleben.
Blau kann eine Art Sehnsucht hervorrufen, niemals kann man die blaue Ferne erreichen.
Schaut man über eine Hügellandschaft, so sind
die entfernt liegenden Hänge bläulich. Man
kann dorthin wandern. Die Felder, die man zunächst blau sah, verändern dann aber ihre Farbe,
und am Ende sind sie tatsächlich goldgelb.
Viele Handschriften aus dem späten Mittelalter
haben das prächtige, helle Blau. Die berühmten
«Très Riches Heures de Jean Duc de Berry» sind
ganz und gar davon durchzogen (Abb. 27).

Abb. 27: Très Riches Heures de Jean Duc de Berry

Nur die Bilder «Christus im Garten von Gethsemane» und «Der Tod Christi» sind in einem dunklen Indigoblau gemalt (darüber später mehr).

Blau verwendet man beim Malen der Wandbilder vor allem für die Luft und den Himmel. Schön ist es, wenn dieses Blau des Himmels irgendwo wieder auftaucht, zum Beispiel in blauen Blumen. Auch eine Prinzessin kann sehr schön hellblau gemalt werden. Der Mantel von Maria dagegen ist dunkler, ernster.

Wir können den Himmel sehen, weil die Luft, die Atmosphäre der Erde, Licht in sich aufnimmt. Wir blicken durch die erleuchtete Luft hindurch und sehen den schwarzen Raum als blaue Farbe. Nach unten hin ist es ein helleres Blau (es ist mehr Luft und Wasserdampf zwischen uns und dem Weltraum), über uns ist das Blau dunkler, denn dort ist die Atmosphäre dünner. Die Astronauten sahen die Erde vom Weltraum aus, und sie waren erstaunt darüber, einen so wunderschönen blauen Planeten zu sehen. Auch in dem Fall also sorgt die erleuchtete Luft dafür, daß die dunkle Erde eine blaue Farbe bekommt.

Edgar Mitchell, einer der amerikanischen Mondfahrer, beschreibt das «Aufgehen» der Erde vom Mond aus gesehen:

«Plötzlich taucht hinter dem Rand des Mondes in langen, fast bewegungslosen Augenblicken gewaltiger Majestät ein schimmernder blauweißer Edelstein auf, ein heller, zarter, himmelblauer Körper mit sanft wehenden weißen Schleiern; und er steigt ganz langsam empor wie eine kleine Perle aus einem tiefen Meer schwarzer Unergründlichkeit. Es dauert ein wenig, bevor man völlig begreift, daß dies die Erde ist ... zu Hause.»

Abb. 28: Gemälde von El Greco

Indigo

Die Farbe Indigo ist ein Blau, das nach dem Grau hin tendiert. Es ist eine Farbe, die sowohl hell als auch dunkel sein kann. Unter den warmen Farben hat Orange diese Eigenschaften, es kann strahlend und warm zugleich sein, aber auch geballte Kraft ausdrücken.

Indigo nun kann dünn und sehr kristallin sein oder ganz kompakt und schwer. Wenn man Rauch aus einem Schornstein aufsteigen sieht, ist er oft abwechselnd sehr durchsichtig und dann wieder dick und schwer.

Im Mittelalter nannte man Indigo «Teufelsfarbe». Maler durften nicht damit malen, es standen schwere Strafen darauf. El Greco, der auf Kreta zum Ikonenmaler ausgebildet worden war und später in Spanien lebte (1541 – 1614), malte als einer der ersten sehr viel mit Indigo. Auch die anderen Farben in seinen Bildern scheinen einen leichten Indigoton zu enthalten. Dadurch entsteht eine gleichsam bedrohliche Stimmung. Es sind zutiefst religiöse Werke, aber keine Nahrung für die Bilderwelt kleiner Kinder; man würde zu Weihnachten eher Engel von Fra Beato Angelico aufstellen als Bilder von El Greco (s. Abb. 28).

Die Menschen lebten im Mittelalter mit einer inneren Sicherheit. Äußerlich hatten sie es oft sehr schwer, aber es gab einen Gott und es gab einen Teufel, und dadurch wurde das Leben bestimmt. Nur kleine Gruppen von Menschen dachten anders. Das veränderte sich zur Zeit El Grecos. Es war die Zeit, in der auch William Shakespeare lebte (1564 – 1616); seine Theaterstücke sind von Zweifeln durchzogen. So entstanden damals auch viele unterschiedliche Glaubensgemeinschaften; Martin Luther gründete 1524 die erste protestantische Gemeinde.

Die Erkenntnis der Unsicherheit aller Existenz hat seither nur noch zugenommen, für uns stellt die Erde keine Sicherheit mehr dar. Indigo ist die Farbe, die mit unserem Bewußtsein der Gegenwart zusammenhängt, es ist eine Grenzfarbe. Wir leben in einer Zeit der Unsicherheit und des Zweifels. Wir können dieser Unsicherheit entgegentreten und lernen, mit ihr zu leben, oder aber davor zurückschrecken und Halt bei falschen Sicherheiten suchen, wie etwa dem Nationalismus oder religiösen Sekten.

Die angsterweckende Eigenschaft des Indigo kann man deutlich erleben, wenn man an einem warmen Sommertag auf dem Wasser ist und Gewitterwolken erscheinen. Das Wasser, die Luft, alles bekommt mehr und mehr einen Indigoton, es ist drückend, und ein Gefühl von Unsicherheit überfällt einen: Was verbirgt sich hinter den Wolken?

Aus dem Vorangegangenen wird wahrscheinlich deutlich, daß Indigo keine Farbe für kleine Kinder ist. Seine Stimmung paßt noch nicht zu der Sicht, die sie auf die Welt haben, eine Sicht, die voll Vertrauen ist. Sie nehmen ohnehin oft schon mehr auf, als sie verkraften können. Wenn sie von verschmutzter Luft oder von aussterbenden Tieren hören, führt das bei manchen Kindern zu Angst und Depressionen. Das ändert sich vom zwölften Lebensjahr an, dann kann das Malen eines Schiffes im Sturm Wiedererkennen bedeuten. Die Kinder haben ein Gefühl für Dramatisches und lieben spannende Lebensgeschichten von Menschen, die durch Zweifel hindurchgehen.

Violett

Wir kommen nun zum Violett als letzter Farbe des Regenbogens. Im Regenbogen kann das Violett oft ganz transparent und strahlend gegen die indigofarbenen Wolken abstechen.

Violett ist eine feierliche Farbe, nicht drohend oder verunsichernd wie Indigo. Früher trugen Damen, wenn sie älter wurden, schwarze oder violette Gewänder als Ausdruck ihrer Würde.

Meine Großmutter wohnte in einem vornehmen Haus in Den Haag. Nach meiner Erinnerung hatte es ziemlich hohe, dunkle Zimmer mit dunkelvioletten Samtvorhängen und Oberlichtern aus violettem, in Blei eingefaßtem Glas. Ein solches Zimmer stand voller spannender und rätselhafter Gegenstände, die sie aus Indien mitgebracht hatte. Scheu ging man hinein und wurde still. Wenn ich dort wohnte, hielt ich mich meist bei der alten österreichischen Hausangestellten auf, die in der Küche bei der Arbeit war. Hinter der Küche lag ein helles mit Pflanzen bewachsenes Höfchen; das war eher eine Kinderwelt.

Auch am Abend kann eine violette Stimmung entstehen. Wenn die Sonne untergegangen ist und es langsam dunkel wird, nimmt die Stille zu, die Vögel singen nicht mehr, man selber wird ruhiger, und es kann ein fast religiöses Gefühl von Friede und Hingabe wachsen.

Bei den Wandbildern verwende ich Violett manchmal für Blumen (man kann im Frühling den Unterschied zwischen einem Feld mit lila und einem Feld mit gelben Krokussen erleben, s. Abb. 29) und sonst für den schon eben genannten Nachthimmel; für das Nikolausbild haben einige Kursteilnehmer einen indigofarbenen, andere einen violettblauen Himmel gemalt. Der Unterschied der Stimmung ist sehr groß. Für ältere Kinder ist Indigo gut geeignet, für kleine Kinder ist das Violett sehr schön und feierlich; die goldgelben Sterne strahlen hell in dieser Farbumgebung.

Abb. 29: Ausschnitt aus Abb. 69

Schwarz, Weiß und Grau

Diese Farben sind völlig anders als die des Regenbogens. Die Regenbogenfarben rufen sofort eine Stimmung in uns hervor, sie sind dem Gefühl nahe beheimatet.

Schwarz ist die Farbe des Todes, auch die Farbe der Dunkelheit, wenn das letzte Licht verschwunden ist. Farbe ist niemals wirklich schwarz, sie ist ganz dunkelbraun oder grün oder blau. Das merkt man, wenn man die Farbe verdünnt. Noch deutlicher ist dieser Unterschied bei schwarzer Tinte.

Weiß steht als Farbe dem Licht sehr nahe, aber selten bleibt es wirklich weiß. Sobald andere Farben in der Nähe sind, nimmt es einen anderen Ton an. Für den Betrachter, der zuerst intensiv auf einen roten Gegenstand geschaut hat und danach auf eine weiße Wand blickt, taucht eine leuchtend grüne Farbe in derselben Form auf, die der rote Gegenstand hatte. So intensiv geschieht es nur, wenn man sich darauf konzentriert, aber ganz schwach geschieht es immer, wenn man auf eine weiße Fläche schaut, in deren Umgebung Farben sind. Die Farbe, die man auf diese Weise sieht, wird Komplementärfarbe genannt. Jede Farbe hat ihre entgegengesetzte Farbe, die wahrgenommen werden kann, wenn man zuerst konzentriert auf die Farbe und danach auf die weiße Fläche blickt. Bei Rot ist es das Grün, bei Blau ist es Orange, bei Violett ist es Gelb. Auch in einer Schneelandschaft erkennt man, je genauer man die Schatten betrachtet, immer mehr Farben. Wenn das Licht orangerot ist, sieht man im Schatten blaugrüne Flecken; ist das Licht gelber, werden die Schatten mehr blau bis violett.

Grau entsteht beim Malen fast immer im Wassernapf. Die verschiedenen Farben zusammen bilden Grau, eine Art neutraler Hintergrundfarbe. Unsere holländische Landschaft kennt eine ganze Reihe solcher grauen Stimmungen. Im vorigen Jahrhundert ist dies viel gemalt worden.

Grau ist ruhig und neutral und läßt die anderen Farben sehr schön hervortreten. Bilder in ausschließlich Primärfarben ohne diese feinen Zwischentöne und Grautöne sind oft sehr ermüdend. Man entbehrt dann die Ruhe der neutralen Umgebung, wodurch das Besondere einer Anzahl hellerer Farben zu seinem Recht kommt. Wie schon beschrieben, kann auch Braun eine solche Umgebung schaffen, in der andere Farben leuchtend werden. Ein graues Eselchen trägt die Maria, es ist bereit, ihr – und so auch der Umgebung – zu dienen. – Obgleich Rotbraun eine so prächtige Farbe für Kühe ist, sollte man für einen Bauernhof doch lieber eine schwarzweiße Kuh malen, die einen helleren Akzent auf das Bild setzt (s. Abb. 30).

Abb. 30: Ausschnitt aus Abb. 4

42

4 Material und Arbeitsgerät

Holz

Zum Bemalen mit Aquarellfarben ist Sperrholz aus Birke am besten geeignet. Es ist eine helle, kräftige Holzart mit ziemlich feiner Struktur.

Auch Buchenholz hat eine feine Struktur und kann schön glatt geschmirgelt werden, doch durch den dunkleren Farbton des Holzes treten die Farben, die man darauf malt, nicht so gut hervor.

Pappelholz ist noch heller als Birkenholz, aber die Poren des Holzes sind gröber, die Farbe fließt

Abb. 31

leicht hinein. Daher verläuft jede Form, die man malen will. Außerdem ist es weniger stark und bricht leichter beim Sägen.

Für die meisten Holzbilder ist Birkensperrholz von 4 mm Dicke am besten geeignet. Für eine sehr große Platte verwendet man besser dickeres Sperrholz, allerdings ist es schwerer zu sägen.

Wenn man mehr Holz auf einmal kauft, etwa eine ganze Platte, ist es für die meisten Werkstücke am geeignetsten, 30 cm breite Abschnitte sägen zu lassen, mit denen kommt man beim Figurensägen am besten zurecht. Für ein großes Wandbild ist natürlich ein breiteres Stück Holz nötig.

Die beweglichen Figuren können am besten aus Modellbausperrholz von 2 mm Dicke angefertigt werden. Es ist eine besonders feine Sorte Sperrholz: viele dünne Holzschichten übereinander, so fein, daß es kaum splittert und sehr stark ist. (Das normale Sperrholz besteht aus drei Holzschichten und ist nicht stark genug. Kinder biegen so eine kleine Figur doch schon einmal nach vorne, und dabei bricht sie so gut wie sicher ab.)

Nicht überall bekommt man Modellbausperrholz. Läden mit Material für Modellbau haben meist einen Vorrat davon, und manchmal hat der Holzhandel es auch. Es ist verhältnismäßig teuer, aber man braucht nicht viel davon. Wenn man für die Figuren doch das normale Sperrholz nehmen muß, sollte man darauf achten, daß die Zwischenschichten zwischen der vorderen und der hinteren Platte dicker sind.

Beim Kauf von Birkensperrholz muß man auf die Qualität des Holzes achtgeben. Die kann sehr unterschiedlich sein. Wichtig ist es, daß keine dunklen Streifen oder Flecken darin sind und daß die Oberfläche glatt ist. Auch sind Knorren meist durch ovale Holzeinfügungen ersetzt, und die sieht man nach dem Bemalen sehr genau. Holz aus Finnland ist oft etwas gröber als russisches Holz. Je unbeschädigter die Oberfläche ist, desto glatter kann sie geschmirgelt werden, und das ist später beim Bemalen außerordentlich wichtig.

Die Qualitätsunterschiede drücken sich auch im Preis aus, aber in Anbetracht der Arbeit, die man darauf verwendet, lohnt es sich, gutes Holz zu nehmen.

Die Holzstücke, die man nachbehält, kann man für die Anfertigung kleiner Teile benutzen (s. S. 115 f.).

Außer Sperrholz braucht man für die Konstruktion noch kleine Latten. Am geeignetsten sind Raminlatten mit einem Querschnitt von 0,5 mal 1 cm (oder für einige Bilder 0,5 mal 2 cm). Manche Holzhandlungen oder Bastelläden haben diese Latten auf Vorrat in der Abteilung Leisten und Zierleisten liegen. Man kann diese Zwischenlatte auch aus 4 oder 5 mm dickem Sperrholz selbst sägen.

Besondere Zwischenschichten (ein Hügel oder ein Abhang bei einem Schneebild) müssen in jedem Fall aus Sperrholz gesägt werden.

Arbeitsgerät

Zum Zeichnen:
Einen feinen Bleistift (HB), einen Radiergummi und einen Winkel oder ein Dreieck mit einem rechten Winkel.

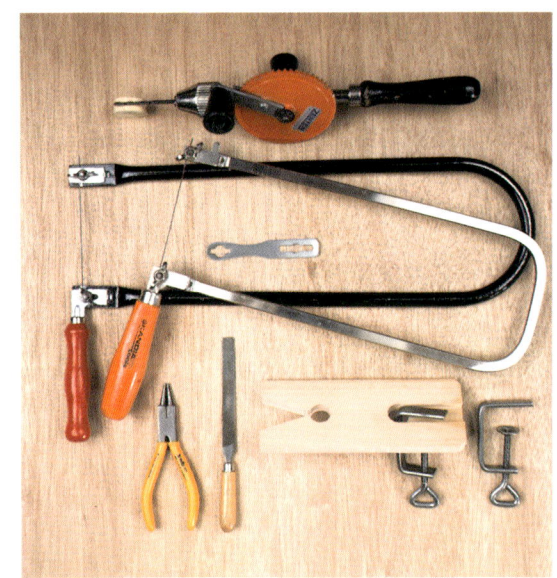

Abb. 32

Zum Sägen:
Eine Laubsäge; wer ein großes Bild plant, wird viel Nutzen von einem besonders langen Sägebügel (30 cm) haben. Für die normale Arbeit ist ein kleinerer Bügel handlicher.

Ein Laubsägebrett ist sehr praktisch, zumindest für die kleinere Sägearbeit.

Laubsägeblätter Nr. 2 oder 3. Je feiner die Säge ist, desto weniger leicht splittert das Holz, desto weniger muß man nacharbeiten. Wer zum ersten Mal mit einer Laubsäge arbeitet, sollte die Nr. 3 wählen, weil sie nicht so schnell durchbricht.

Nach einer Weile werden die Sägeblätter stumpf. Daher sollte man das Sägeblatt rechtzeitig austauschen.

Es gibt spezielle Schlüssel, um die Laubsäge festzudrehen; ein solcher ist vor allem praktisch, wenn viele Fenster und Türen geplant sind, für die man jedesmal die Säge lösen muß (s. Abb. 32).

Zum Schmirgeln:

Feines Schmirgelpapier, zum Beispiel Nr. 220 oder 280. Zum Bemalen ist es äußerst wichtig, daß die Oberfläche des Holzes glatt ist.

Eine Schleifmaschine ist sicher nützlich, aber auch mit der Hand geht es sehr gut; die Hauptsache ist, daß man für eine gleichmäßig glatte Oberfläche sorgt.

Zum Leimen:

Holzleim und Holzklemmen. Meistens braucht man ziemlich viele. Eine preiswerte und praktische Lösung ist die Anschaffung einer Anzahl kleiner Klemmen, die zum Festhalten eines Laubsägebrettes bestimmt sind. Sie können einfacher nebeneinander gesetzt werden als große Schraubzwingen.

Abb. 33: Dreiteiliger Teller

Zum Nacharbeiten:

Eine Handbohrmaschine mit kleinen Metallbohrern Nr. 1 $\frac{1}{2}$ und 3. Und wenn eine kleine Tür mit Scharnier im Wandbild sein soll: eine feine Zange, um die kleinen Nägel festzuhalten, und einen nicht zu schweren Hammer, außerdem eine Feile.

Zum Bemalen:

Pinsel: Einen schmalen flachen Pinsel und einen breiteren für große Flächen. Für die feine Arbeit ist ein Pinsel aus Marderhaar sehr schön geeignet, weil sich damit gut arbeiten läßt. Für einen breiteren Pinsel ist Marderhaar zu teuer, doch sollte man nach einem weicheren Pinsel schauen, nicht nach einem aus Schweineborsten.

Zum Lackieren:

Je einen preiswerten flachen weichen Pinsel, schmal und breit.

Farbe

Die Holzplatten werden mit Aquarellfarbe bemalt. Das ist eine transparente Farbe, und darum kann man die Maserung des Holzes mit einbeziehen. Wenn man beispielsweise Wasser zeichnet, sieht man die Linien des Holzes als Wellen hindurchschimmern.

Es gibt verschiedene, sehr gute Aquarellfarben. *Winsor & Newton* hat Farbe von guter Qualität und mit schönen Tönen. Die Studienfarbe dieser Fabrik mit dem Namen «Cotman» ist nicht so teuer und dennoch gut genug.

Man braucht nicht so viel Farbe, es zieht nicht viel davon ins Holz ein. Streicht man die Farbe auf einen Plastikteller mit drei Fächern (s. Abb. 33), so kann man bestimmte Farbgruppen zusammenstellen und Farben mischen, ohne daß

45

alles gleich zusammenläuft. Ein Farbkasten mit Deckel ist zwar eine etwas größere Anschaffung, hat aber den Vorteil, daß sich die Farben darin gut aufbewahren und transportieren lassen. Trotzdem ist es gut, wenn man für größere Farbmengen, wie für Himmel oder Wiese, einige Schüsselchen bereit hat, um genügend Farbe im voraus auflösen zu können.

Die wichtigsten Farbtuben, die man braucht:
Tuben von Cotman:
– Alizarin-Karmesin (004) für Karmin
– Kadmiumrot (095) für Zinnober

– Indigo (322)
– Sepia (609), das ist ganz dunkelbraun
– Intensivgrün (329), ein neutrales Grün
– Zitronengelb (346)
– Ultramarine (660)
– Chinesischweiß (150)
– Lichter Ocker (744), Ockergelb
– Siena, gebrannt (074), Rotbraun

Grün und Gelb sind am schnellsten verbraucht. Violett ist am schönsten von *Winsor & Newton*, (feinste Künstler-Aquarellfarben) Winsorviolet (733).

Abb. 34

Buntstifte

Nach dem Malen werden die Details und die Schatten mit Buntstift ausgearbeitet. Dafür braucht man gute und nicht zu harte Buntstifte. Sehr schön sind die Buntstifte von Schwan-Stabilo. In Künstlerläden sind sie oft einzeln zu bekommen.
Die Farben, die man am meisten benötigt, sind:

– Dunkelbraun (8745)
– verschiedene Grüntöne (8736, 8743, 8723)
– Grau (8749)
– Weiß (8752)
– Dunkelrot (8748)
– Ockergelb (8739)

Mit diesen Farben kann man beinahe alle Details zeichnen.

Einige Farben, wie Violett und Rosa, verändern ihre Farbe beim Lackieren; auch Blau wird deutlich greller.
Um Schatten in Grau oder Violett zu machen, benutzt man am besten Grau.
Andere Buntstiftmarken sollte man am besten erst einmal ausprobieren, vor allem, um zu sehen, ob die Farbe beim Lackieren stark verläuft oder sich verändert.

Lack

Beim Lackieren wird die Maserung des Holzes wieder sehr gut sichtbar, und die Farbtöne der gemalten Teile werden wieder genauso kräftig wie während des Malens, als sie noch naß waren. Jede Wasserfarbe bleicht beim Antrocknen immer etwas aus.
Die Buntstiftlinien werden in die Malerei integriert. Für das Lackieren braucht man eine Sorte

auf Wasserbasis, die nicht vergilbt. Dafür eignet sich Acryllack. Die Wandbilder werden von den Kindern nicht wie Spielzeug in den Mund genommen, meistens sind sie an der Wand befestigt.
Meine ersten Wandbilder habe ich mit einem natürlichen Öl behandelt, aber nach einem Jahr waren sie völlig verbleicht. Wenn das Öl gelb wird und sich das Holz sehr stark mit verfärbt, wird alles Blau nach kurzer Zeit zu einem schweren Grün; alles Grün wird beinahe Schwarz, und die Transparenz der Farbe verschwindet.
Die Bilder, die vor zehn Jahren mit einem Lack auf Wasserbasis mit Sadolin behandelt wurden, sind auch jetzt noch farblich schön. Der Vorteil eines solchen Lackes ist, daß er sehr schnell trocknet. In einem warmen Zimmer kann man die Arbeit nach einer halben Stunde leicht abschmirgeln und ein zweites Mal lackieren. Am besten nimmt man Acryl-Firnis (matt) oder hellen, transparenten Acryl-Lack (Seidenglanz). Beide Sorten mit 25 % Wasser verdünnen.

Kleineres Material

Je nach Art des Wandbildes können folgende Dinge noch notwendig sein:
– kleine Messingscharniere 12 mal 16 mm
– Messingnägel von 1 cm Länge (1 mm stark, dickere sind schwer krumm zu schlagen)
– etwas längere Messingnägel (2 cm lang, 1,5 mm dick), wenn eine Figur dabei ist, die sich über einen Drehpunkt bewegt
– eine runde, metallene Musterklammer bei einem Bild mit Drehscheibe
– «Eisengarn», meist dunkelbraun: das ist Leinengarn zum Drehen von Kordeln
– bunte Holzperlen, 1 cm dick im Durchmesser.

5 Technische Hinweise

Wer ein bewegliches Wandbild anfertigen will, kann einen der Entwürfe wählen, wie sie im folgenden Kapitel ausgearbeitet sind. Aber natürlich kann jeder auch selbst einen Entwurf anfertigen, möglicherweise anhand der beschriebenen Bilder.

Zunächst etwas darüber, wie man selbst ein Wandbild entwerfen kann.

Selber einen Entwurf anfertigen

Bei einem freien Entwurf kann man sich zum Teil von der Holzmaserung leiten lassen. Meistens sind wogende Linien in einer Holzplatte, manchmal kleine Knorren, um die diese Linien dichter beieinander liegen, manchmal sind unruhige Formen zu sehen. Das alles berücksichtigt man beim Zeichnen: Sehr hübsch ist es, wenn so ein Knorren in einem Baumstamm sitzt, oder wenn die wogenden Wellen den Eindruck der Wasserbewegung verstärken.

Bei der rückwärtigen Platte kann man beispiels-

Abb. 35

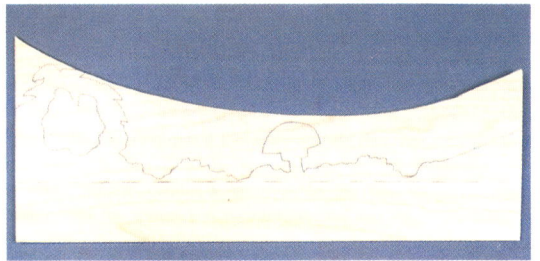

weise auch die Richtung der Maserung schräg nehmen, um beispielsweise den Eindruck einfallender Sonnenstrahlen zu verstärken. Auf der rückwärtigen Platte sieht man nämlich die Holzmaserung am stärksten, weil dort mehr die verdünnte Farbe verwendet wird.

Vorderplatte

Hat man ein geeignetes Stück Holz ausgewählt, kann man die Form der vorderen Platte darauf zeichnen. Man muß darauf achten, daß am unteren Rand ein Streifen von etwa 4 cm stehen bleibt. Dahinter kommt eine Leiste, über welche sich die Figur hin und her bewegen kann. Der unterste Teil der Figur mit den Fäden daran ist hinter dem Rand verborgen.

Über den Rand kann alles hinausragen, wohinter der Zwerg teilweise verschwinden kann: Pilze, Farnsträucher, Steinbrocken und so weiter. Hinter einem Hügel oder einem Baum etwa kann der Zwerg auch vollständig verschwinden. Doch muß man achtgeben, daß genügend Stellen vorhanden sind, an denen er richtig gut zu sehen ist, und das ist immer dort, wo der Gegenstand dicht an der Grundlinie bleibt (s. Abb. 35).

An der linken und rechten Bildseite muß die Form sich bis nach oben erstrecken. An der Seitenlinie entlang werden auch Zwischenleisten angebracht, und wenn diese Seitenkante etwas höher ist, wird das ganze Bild stabiler. Auf jeden Fall sollte man ein Winkeldreieck oder einen

Winkelmesser beim Zeichnen der Seitenkante benutzen, damit ein rechter Winkel entsteht.
Über die möglichen Motive für eine vordere Bildplatte wurde bereits im ersten Kapitel ausführlich gesprochen, vor allem über die Form eines Hauses oder eines Baumes (s. S. 13 f). Jetzt kommen vor allem die technischen Aspekte an die Reihe.

Bäume

Will man einen Tannenbaum im Bild haben, so muß man darauf achten, ihn breit genug anzulegen. Dann ist Platz genug vorhanden dafür, daß sich jemand dahinter verstecken kann; auch wird der Baum nicht so leicht abbrechen, wenn das Kind seine Krone nach vorn biegen will (s. Abb. 36).

Bei einer schlanken Birke kann der Stamm natürlich nicht dick sein. Aber man kann ihn standfester bekommen, indem man mehrere Bäume nebeneinander stellt (s. Abb. 37).

Abb. 37

Abb. 36

Ein Laubbaum muß auf jeden Fall mit einem Stückchen Holz zwischen der Vorderplatte und der rückwärtigen Platte festgeleimt werden.

Häuser

Bei einem vereinfachten Haus (aus Wänden, Dach, Fenster und Tür bestehend) können die obere Kante der Fenster und der Tür sehr wohl auf derselben Höhe sein. Die bewegliche Figur schaut dann durch beide gleich gut heraus (s. Abb. 21).
Die Unterkante der Tür liegt auf der 4 cm-Linie oder etwas darüber. Das Türmaß bestimmt die Größe der Figur. Ist es ein sehr kleines Türchen, so wird es auch nur eine sehr kleine Figur.

Ist der Entwurf fertig, so kann die Vorderplatte ausgesägt werden.

Rückwärtige Platte

Entsprechend der Vorderplatte kann man dann die Größe der hinteren Platte bestimmen. Indem man deren obere Kante in einem runden Bogen verlaufen läßt, entsteht ein deutlicherer Raumeindruck als bei einem eckigen Abschluß.
Und wenn man dann noch einen Tannenbaum oder einen Laubbaum darüber hinwegragen läßt, entsteht ein noch lebendigerer Eindruck (s. Abb. 38).

Zwischenleiste

Zwischen die hintere und vordere Platte wird die Leiste geklebt, über die die Figur sich bewegen kann. Die Stärke dieser Leiste sollte 5 mm sein, dabei sollte sie 20 mm breit sein. Für eine bewegliche Figur wird eine Leiste entlang der Unterseite benötigt, dazu noch zwei kleine Leisten rechts und links (s. Abb. 40a, gestrichelte Teile). Die Schnüre, die an der Figur befestigt werden, gehen

Abb. 38

durch die beiden Lücken, die frei geblieben sind (s. Abb. 40a). Große Formen auf der Vorderplatte muß man mit einem Stück Triplexholz (5 mm dick) oder einer Leiste (Abb. 37) befestigen. Die Figur muß sich aber noch bewegen lassen.
Wenn sich mehrere Figuren bewegen wie auf «dem Bauernhof» (S. 80), dann ist die Zwischenleiste unterteilt (s. S. 79). Auf Abb. 73 werden Bauer und Bäuerin durch eine Leiste zwischen Tür und Fenster getrennt.

Kleine Holzstückchen

Wer viele Bilder anfertigt und dadurch kleine Holzstückchen übrigbehält, kann allerhand kleine Teile, wie etwa eine Reihe Pilze, ein Kaninchen im Gras oder einige Hühner gesondert aufzeichnen und aussägen und sie auf die vordere Platte kleben (Abb. 39). Erstens entsteht dann durch deren Schatten ein lebendiges Bild, und zweitens hat man beim Malen mehr Halt, weil die Form schon weitgehend vorgegeben ist. Das kann vor allem bei einer schwerfälligen Form wie einer Kuh eine Hilfe sein.

Das Entwerfen der Zwischenfigur

Wenn man bei einem eigenen Entwurf die genaue Größe und Form beispielsweise eines Zwerges bestimmen will, muß man folgendes tun:
Zuerst die Vorderplatte und die Rückplatte entwerfen; dann beide Platten ausmalen und aneinandersetzen.
Man sucht sich dann ein kleines Stück Sperrholz, das aber etwas größer als der beabsichtigte Zwerg ist, und setzt dies Plättchen probeweise zwischen die vordere und die rückwärtige Platte auf die Grundleiste (s. Abb. 40a). In dem hier inzwischen ja schon skizzierten Entwurf muß der Zwerg völlig

hinter dem Tannenbaum verschwinden können; und daher muß die genaue Form des Tannenbaumes auf das kleine Plättchen übertragen werden (Abb. 40b). Danach muß man das Plättchen hinter die Tür des Häuschens oder der Höhle setzen und die Form der Tür auch noch dazu zeichnen (Abb. 40c); dies ist die Stelle, an welcher das Zwerglein später herausschauen muß. Aufpassen: Gibt es unterhalb der Linie der unteren Türkante eine Stelle, an der es zum Vorschein kommt? Danach kann man dann den Zwerg auf dem Plättchen skizzieren und dabei sorgfältig achtgeben, daß er sich nicht außerhalb der gezeichneten Linien des Baumes befindet und von den Füßen bis zum Kopf zu sehen ist, wenn die Tür geöffnet ist (Abb. 40d). Zum Schluß kontrollieren, ob auch sein Mützchen nicht irgendwo herausschaut! Die Basis der gezeichneten Figur muß breit sein, denn zu schmale Figuren können umkippen, wenn man am Bändchen zieht (Abb. 40e).

Abb. 39

Man muß sich entscheiden, ob man eine Figur (etwa eine Bäuerin oder einen Zwerg) sich frontal bewegen lassen will (kleine Kinder zeichnen ihre ersten menschlichen Gestalten auch immer frontal!), oder ob man sie von der Seite zeigen will, sie also später vor und zurück gehen läßt. Für ein kleines Kind stellt es kein Problem dar, daß die Bäuerin sich seitwärts bewegt, mit einem Holzschuh nach rechts und dem anderen nach links gewendet (Abb. 39).

Abb. 40

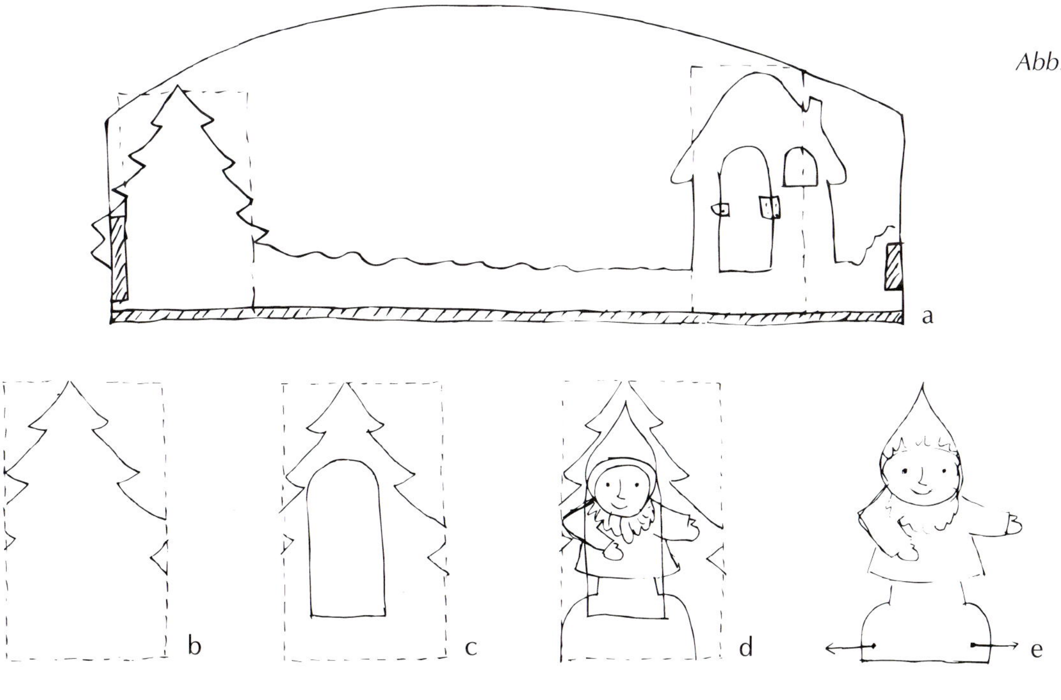

a

b   c   d   e   51

Dies ist bei einem Pferd schwieriger zu bewerkstelligen. Für ein Kind ist das Charakteristische eines Tieres gerade die Seitenansicht, weil die Form dann am besten zu erkennen ist. Man kann zusehen, daß sich ein Pferd nur eine kürzere Strecke bewegt, beispielsweise zwischen dem Stall und dem Gatter, von dessen anderer Seite aus das Mädchen es füttert. Ein solches Motiv ist auch für das ältere Kleinkind geeignet (s. Abb. 41).

Abb. 41

Ein Auto kann zu einem Modell aus den fünfziger Jahren vereinfacht werden (s. Abb. 42 und 44). Dieses Auto kann genausogut vorwärts wie rückwärts fahren, es sieht sowieso immer gleich aus. Die Phantasie des Kindes dreht es ganz einfach um.

Abb. 42

Dasselbe gilt für ein vereinfachtes Segelboot (s. Abb. 43 und Abb. 89).

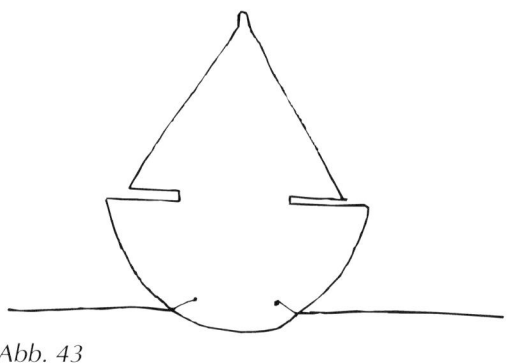

Abb. 43

Einen Entwurf aus diesem Buch herstellen

Um einen Entwurf aus diesem Buch herzustellen (ab S. 66), braucht man kariertes Papier. Die Zeichnung des Entwurfs für die Vorderplatte und die für die rückwärtige Platte muß zweifach vergrößert werden. Das bedeutet, daß jedes Karo des Entwurfblattes 1 cm groß werden muß (man kann die Zeichnung eventuell in einem Kopierladen auf das Doppelte vergrößern lassen). Die vergrößerte Zeichnung überträgt man dann mit Hilfe von Kohlepapier auf das Holz. Die gestrichelten Linien geben an, wo Leisten oder Holzstückchen zwischen die Vorderseite und die Rückseite geleimt werden müssen. Doch sollen die gestrichelten Linien nicht auf das Holz übertragen werden: Sie stellen nur eine Hilfe für das Festleimen dar.

Die Zwischenfiguren sind in ihrer wirklichen Größe abgebildet. Man kann sie nachziehen und mit Hilfe von Kohlepapier auf das Modellsperrholz zeichnen.

Aussägen und Schmirgeln

Hier ein paar Hinweise und Lösungsvorschläge für typische Probleme. Beim Laubsägen wird man schon nach kurzer Zeit so geschickt wie beim Schneiden mit einer Schere. Wichtig sind jedoch scharfe Sägeblätter, die richtig gespannt in der Laubsäge sitzen (aufpassen, daß die Sägezähne immer nach unten weisen!).

Beim Laubsägen muß man die Säge immer vertikal und ohne starken Druck auf und ab durch das Holz bewegen. Der Sägeschnitt wird durch kleine Sägebewegungen glatter. Bei kleinen Formen oder bei einer starken Krümmung muß man beinahe auf der Stelle sägen und bei einer Richtungsänderung solange auf derselben Stelle, bis die Säge gedreht werden kann.

Bei großen Platten sind manche Stellen oft schwierig zu erreichen. Manchmal ist es praktisch, die Form erst in groben Umrissen auszusägen und erst später an die Details zu gehen.

Für Öffnungen auf der vorderen Platte, etwa für Türen, Fenster oder Höhlen bohrt man (mit einem Bohrer Nr. 1 $\frac{1}{2}$) ein ganz kleines Loch an die Stelle, wohin später, wie bei der Tür, das Scharnier kommt. Dazu löst man den Sägebügel oben und steckt die Säge von hinten durch die Platte. Nun muß die Säge wieder festgedreht werden; dazu stützt man den Handgriff der Säge an der Hüfte ab, schiebt die Platte über die Säge, und zwar so dicht wie möglich zu sich hin (die Säge mit dem Gewicht der Platte daran bricht leicht!) und dreht die Säge mit dem Schlüssel fest.

Wenn die Platte ganz ausgesägt ist, müssen die Oberfläche und die Ränder mit feinem Schmirgelpapier glatt geschmirgelt werden.

Abb. 44

Malen und Zeichnen

Mit Aquarellfarbe malen

Es gibt unterschiedliche Arten, mit Aquarellfarbe zu malen. Dabei hängt sehr viel vom Untergrund, in unserem Fall vom Holz, ab.

Die *Naß-in-Naß-Technik* ist eine Maltechnik, bei der das Papier die Farbe aufsaugt. Das Papier wird naß gemacht und mit einem Tuch abgetupft. Danach kann man Farbübergänge malen; will man Figuren haben, muß man warten, bis das Papier wieder fast trocken ist. Es ist viel Intensität und Farbigkeit möglich.

Beim *Aquarellieren* arbeitet man auf Aquarellpapier, feucht oder meist trocken, und trägt die Farben rasch und großflächig aufs Papier. Diese Technik erfordert mehr Geschicklichkeit, weil die Farben schneller verlaufen. Wenn man mit dem Pinsel in nasse Stellen gerät, entstehen Flecken. Auch hier kann man auf trockenen Stellen Details anbringen, und zwar viel feiner als bei der vorigen Methode.

Die *Schichttechnik* oder Schleiertechnik arbeitet mit aufgespanntem Aquarellpapier, wobei nur über trockene Stellen eine dünne Schicht Farbe gelegt wird. Wenn man gutes Papier hat, kann man über diese erste Schicht bis zu 50 weitere Schichten legen und auf diese Weise sehr intensive Farben, schöne Nuancen und helle Formen entstehen lassen.

Auf Holz malen

Auf Holz zu malen aber verlangt ein anderes Vorgehen. In jedem Fall sollte man den dreigeteilten Teller schon ein bis zwei Tage vorher bereit haben (s. Abb. 33 auf S. 45). Wenn die Farbe nämlich schon getrocknet ist, bevor man anfängt, gerät man nicht so leicht in Versuchung, zu viel Farbe beim Malen zu verwenden.

Das Bemalen der vorderen Platte

Wenn man die ausgesägte, noch leere Holzplatte vor sich liegen hat, muß man festlegen, wohin die Hühner, die Blumen, Menschen, Zwerge usw. kommen sollen. Da die Farbe transparent ist, kann man nicht zuerst das Grün für das Gras malen und dann erst darüber das Gelb für die Küken. Man kann die Figuren auch nicht mit dem Bleistift vorzeichnen, denn die Bleistiftlinien bleiben durch die transparente Farbe hindurch sichtbar.

Wenn man in einem Buch (Vorschläge für solche Bücher sind auf S. 61 angegeben) z. B. ein Vorbild für ein Huhn gefunden hat, so wie man es malen möchte, schaut man sich zuerst die Form an. Bei einem braunen Huhn malt man die Form mit brauner Farbe. Einzelheiten und Schatten sind nicht wichtig, die werden später mit dem Buntstift hinzugefügt. Man muß das Huhn als eine platte Fläche ansehen und es so übertragen. Dann kommen Kamm und Kehllappen in roter Farbe hinzu, eventuell Partien in dunklerem Braun für den Schwanz. Beine und Schnabel werden später gezeichnet. Für alle Figuren (Menschen, Tiere und Blumen) gilt, daß man drei Schritte braucht, um eine Gestalt fertigzustellen (s. Abb. 45):

Zuerst die Grundform in der vorherrschenden Farbe malen, für das Huhn also zum Beispiel gebranntes Siena, für den Igel Ockergelb (Abb. 45 a). Dann die Partien, die dunkler sind, und die Details, die eine andere Farbe haben.

Das Huhn bekommt einen roten Kamm und roten Kehllappen, einen dunkelbraunen Schwanz und eine Stelle, wohin der Flügel kommt.

Der Igel bekommt dunkelbraune Beinchen, ein Ohr, sein dunkles Schnäuzchen und bereits ein paar Stacheln (Abb. 45 b).

Erst wenn die ganze Bildplatte bemalt und wieder getrocknet ist, werden die Details mit Buntstift ausgearbeitet.

Abb. 45 a, b und c

Für das Huhn: Schnabel und Beine ockergelb, ein schwarzes Äuglein, federartig mit dunkelbrauner Farbe den Schwanz, den Flügel verstärken, eventuell ein wenig Schatten beim Kopf.

Für Menschen und Zwerge geht man auf dieselbe Weise vor. Zuerst wird die Größe bestimmt. Dann werden die wichtigsten Farbflächen gemalt, das Gesicht (dazu wird Weiß mit etwas Karmin und Ocker gemischt), dann die Kleidung (s. S. 25/26). Details erst, wenn die ganze Platte bemalt ist.

Für den Igel: die Stacheln dunkelbraun, Pfoten hervorheben, ein schwarzes Äuglein (Abb. 45 c). Sehr sorgfältig muß man die Farbe auflösen, und zwar neben der Stelle auf dem Farbteller, wo der Farbklecks aus der Tube hingekommen ist. Auf einem geschmirgelten Probeplättchen kann man prüfen, ob die Farbe die richtige Stärke hat.

Wichtig ist es, den Pinsel gut abzustreichen. Man muß herausfinden, wie naß man malen kann (ist es zu naß, verläuft die Form, ist es zu trocken, wird es nicht lebendig). Malt man mit zu kräftiger Farbe, so wird die Farbe auf der Holzplatte hart und ist nicht mehr transparent; benutzt man zu stark verdünnte Farben, so bekommt man ein verschwommenes Bild, das nicht mehr fröhlich ist.

Wenn die Grundformen von Huhn, Küken, Kaninchen oder Eichhörnchen gemalt sind und die gelben und rosaroten Stellen, wohin die Blumen kommen sollen, so kann Grasgrün drumherum gemalt werden. Dabei kann man die Form des Tieres noch mehr hervortreten lassen, indem man die grasgrüne Farbe direkt daran malt; dazu zieht man mit einem flachen Pinsel genau die Form nach (s. Abb. 46).

Beim Malen des Grases ist es wichtig, zwischen hellgrünen und dunkelgrünen Partien zu variieren, man kann es teils wäßriger, teils intensiver malen, denn Grün wird schnell kompakt und hat dann einen platten, leblosen Effekt. Wenn man darauf achtet, sieht man in der Natur eine Vielzahl von Grüntönen: einmal etwas gelber, dann wieder etwas blauer, manchmal vermischt mit Braun oder Ockergelb. Für die Nuancen mischt man zwischen den einzelnen Farbklecksen auf der Palette die entsprechenden Farben.

Das Grün aus der Tube ist sehr grell, daher vor allem zum Mischen zu gebrauchen.

Mit Zitronengelb entsteht ein fröhliches Hellgrün. Zuviel Braun im Grün kann das Bild düster machen; dunklere Nuancen sind schön, wenn die helleren Farben deutlich sichtbar vorhanden sind. Die Umgebungsfarbe der Tiere und Pflanzen wird wäßriger gemalt als die Tiere selbst.

Man kann auch, wenn die erste Schicht getrocknet ist, mehr Details und deutlichere Formen hineinarbeiten. So wie bei dem Igel und Huhn, wo dunkleres Braun verwendet wurde, kann man dunkleres Grün für ein Grasbüschel am Wegrand oder für einen Schatten unter den Tie-

Abb. 46

ren nehmen. Man kann die Form grüner Blätter malen, zu denen man später die Stengel hinzuzeichnet.

Auch Tannen, hinter denen sich die Zwerge verstecken können, malt man in mehreren Schichten (s. Abb. 47). Dazu gibt man dem ganzen Baum zuerst eine dünne, gleichmäßige Schicht Blaugrün (Abb. 47 links). Wenn die Schicht trocken ist, gibt man ganz leicht mit zarten Farbstrichen die Richtung der Zweige an. Dies kann, nach erneuter Trocknung, noch einmal wiederholt werden (Abb. 47 Mitte).

Wenn die Tanne im Vordergrund steht, kann man dann eventuell noch ein paar Zweige hineinzeichnen (Abb. 47 rechts). Auf der rückwärtigen, der Hintergrundplatte, reicht es aus, nur zu malen.

Bei den Fotos von den ausgearbeiteten Wandbildern sind noch einige Beispiele zu sehen, wie mehrere Farbschichten übereinander gelegt wurden: die feinen, hellgrünen Zweige einer Birke, die hellen und die dunklen Blätter, die bei einem Laubbaum über den gleichmäßigen Untergrund gemalt sind.

Bei einem Herbstbaum gibt es einen mehrfarbigen Untergrund aus roten, grünen und ockerfabenen Flächen. Durch diese Details werden die großen Flächen gebrochen, der Baum bekommt etwas Spielerisches, Bewegliches. Schließlich darf man nicht versäumen, alle Sägeränder der Tiere, Bäume, Farne, Gras etc. in der zu ihnen gehörenden Farbe zu malen.

Das Bemalen der rückwärtigen Platte

Die Tiefenwirkung des Wandbildes verstärkt sich, wenn der Vordergrund stärker ausgearbeitet, also differenzierter gemalt und mit feineren Details gezeichnet, und der Hintergrund mehr global, in großen Linien gemalt ist.

Ein Werkstück wird bildhaft, lebendig, wenn ein solcher Gegensatz zwischen ausgearbeiteten Teilen und verträumter Umgebung vorhanden

Abb. 47

ist. Das rückwärtige Bild kann dann auch eher mit verdünnter Farbe und breiterem Pinsel gemalt werden. Manchmal malt man nur Himmel, manchmal wird es eine ganze Landschaft in weiter Ferne, das hängt ganz von der eigenen Vorstellung ab.

Himmel

Einen blauen Himmel malt man zuerst mit dünnem Blau (dafür muß man etwas Farbe auf einem extra Schälchen auflösen). Man kann etwas weiße Farbe beimischen, damit er auf die Dauer nicht so ausbleicht. Doch besteht dann die Gefahr, daß das Bild auch nicht mehr so transparent ist und daß die schöne Holzmaserung, die uns die Vorstellung von Wolken vermittelt, verschwindet.

Wenn die erste Schicht fast trocken ist, nimmt man dickere blaue Farbe und malt am oberen Rand entlang das Blau dunkler. So entsteht ein Übergang von intensivem Ultramarinblau oben zu einem helleren Blau am Horizont, eventuell ist es da beinahe zu Wasser verdünnt.

Für einen Himmel mit einer Bahn von Sonnenlicht (s. Abb. 85) hat man dreierlei aufgelöster Farben nötig:

– Ultramarinblau
– Karminrot, das mit viel Wasser zu Rosa verdünnt ist
– gut verdünntes Zitronengelb.

Zuerst malt man die gelbe Lichtbahn; am besten malt man sofort an beiden Seiten Rosa; dann malt man halb über das Rosa hinweg den blauen Himmel. Zum Rand hin kann das Blau wieder dunkler werden.

Ein solcher Himmel muß schnell gemalt werden, sonst entstehen Streifen und Ringe.

Wenn diese große Fläche der Luft und des Himmels fertig und trocken ist, kann man Nadelbäume oder Farne darüber malen, um dafür zu sorgen, daß ein nicht zu großer Sprung zwischen

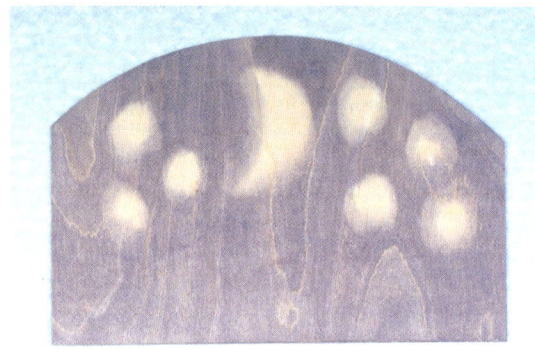

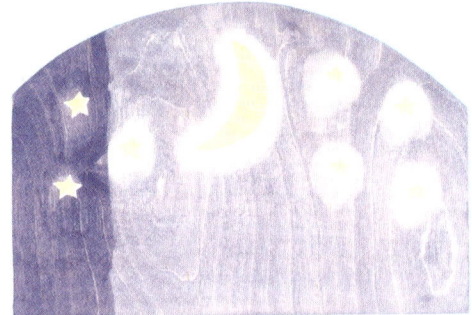

Abb. 48

der detailliert ausgearbeiteten vorderen Bildplatte und der großzügig gestalteten hinteren Platte entsteht. Später zeichnet man auch noch etwas Gras oder dergleichen als Übergang. Gelbe Herbstbäume oder Blumen im Garten der Bäuerin müssen natürlich gemalt werden, bevor das Blau angebracht werden kann.

Sternenhimmel

Für den Sternenhimmel sind verschiedene Schritte nötig (s. Abb. 48).
Zuvor braucht man aufgelöste Farbe:
– Rosa (stark verdünntes Karmin)
– viel Lilablau (nicht zuviel verdünntes Ultramarin mit Violet)
– ein wenig ziemlich dickes Zitronengelb, mit Weiß vermischt.

Zuerst rosa Stellen malen, und zwar dorthin, wohin die Sterne kommen sollen, auch einen rosa Mond! Diese Stellen feucht halten und schnell Lilablau darum malen! Wenn die rosa Stellen zu schnell trocken sind, entsteht eine harte Linie,

während es doch gerade auf einen schönen Übergang zum Lilablau ankommt (Abb. 48 oben).
Wenn das Bild gut getrocknet ist, malt man in die Mitte der rosa Flecken Sterne und Mond mit dem Weißgelb. Es ist wichtig, daß auch der weißgelbe Mond in den rosa Mond hineinkommt, damit nicht das Gelb und das Blau des Himmels ineinanderfließen (Abb. 48 Mitte).

Wenn die Sterne trocken sind, malt man das Lilablau noch einmal. Man kann bis dicht an die Sterne herankommen, muß aber einen ganz dünnen Rand Rosa stehenlassen. Wenn man einen feinen Pinsel hat, kann man deutlicher die Richtung einer Zacke des Sterns mitmalen. Der Pinsel bildet seitlich eine gerade Linie. Zwischen den einzelnen Sternen, die mit dem feinen Pinsel umrandet sind, kann man wieder den breiten Pinsel gebrauchen (s. Abb. 48 unten).

Abb. 49: Weihnachtsbild mit einem Hirten

Nach dem Lackieren scheinen die Sterne durch das sanfte Rosa drumherum, das zum Teil unter der obersten Schicht des Lilablau liegt, zu strahlen (s. auch Abb. 49).

Details mit dem Buntstift hinzufügen

Eine wichtige Farbe beim Zeichnen ist das Dunkelbraun. Man kann Schatten setzen und damit die Dinge von ihrem Hintergrund lösen. Auch Blätter können auf diese Art voneinander gelöst werden (s. Abb. 50 und Abb. 60 auf S. 66); ein Pilz wird dadurch rund und bekommt Tiefe (s. Abb. 51).

Bei Schatten muß man an einer Seite für eine scharfe Linie sorgen. Diese Linie läßt die Form

Richtung des Lichtes

Abb. 50

Abb. 51

hervortreten. An der anderen Seite muß diese Schattenfläche sanft in den Hintergrund übergehen. Niemals Linien um die ganze Form herum zeichnen, dann wird alles wieder flach! Wenn man in der Natur auf eine Blume oder einen Baum schaut, sind auch keine Linien drumherum.

Formen kann man in einem Bild dadurch sichtbar machen, daß man Flächen unterschiedlicher Farben oder Farben unterschiedlicher Intensität nebeneinander aufs Bild bringt. Mit den Schatten bestimmt man, woher das Licht einfällt. Strömt eine Bahn Sonnenlicht von rechts oben auf die hintere Platte, dann zeichnet man an der linken Unterseite der Blätter den meisten Schatten.

Zu Blau oder Weiß kann man auch graue Schatten zeichnen.

Außer den Schatten zeichnet man auch die Details, so wie es bei den Beispielen schon ange-

Abb. 52

geben ist. Ein wichtiges belebendes Element stellen die Gräser und Blättchen dar. Am besten übt man erst auf einem Stück Papier, einzelne Gräser zu zeichnen, und zwar immer von unten nach oben, fest ansetzen und locker enden lassen, dann bekommt das Gras eine Spitze! Klee und blühendes Gras, die mit kräftigem Strich grün gezeichnet sind, unterbrechen eine etwas zu gleichmäßige grüne Fläche (s. Abb. 52). Mit Hilfe des Grases kann man den Tieren auch wirklich Grund unter den Füßen geben oder sie auch darin ein bißchen verstecken.

Vorbilder zum Nachzeichnen

Um Vorbilder zum Zeichnen und Malen von Tieren zu finden, sollte man sich einmal die Kinderbücher mit anderen Augen ansehen. Wichtig ist dabei, daß die Form natürlich und nicht karikaturhaft ist. Wichtig ist auch die Frage, wie die Farben verwendet sind. Ist es eher bildhaft, malerisch oder eher linienhaft? In den Bilderbüchern von Elsa Beskow sind die Formen im Prinzip gut, nur sind um alle schwarze Linien gezogen worden. Man kann diese Linien einfach fortlassen und an deren Stelle Schattenflächen legen.

Das Zeichnen von Details habe ich vor allem von Romain Simon, einem bekannten französischen Kinderbuchillustrator, gelernt, der eine ganze Serie Tiergeschichten für kleine Kinder geschrieben hat. Auch die Tiere sind hier natürlich und dennoch mit einem gewissen Charakter wiedergegeben (in Deutsch unter dem Titel: *Bilder aus dem Leben der Tiere*. Texte von Marcelle Vérité. Erschienen im Saatkorn Verlag, insgesamt 10 Bände).

Oft findet man gute Abbildungen in altmodischen Pappbüchern. Heutzutage sind sie oft mit Fotos ausgestattet, die eine starke Perspektivwirkung haben. Man sieht ein Pferd dann etwa schräg von vorn, während es für das Kind von der Seite am besten zu erkennen ist.

Schöne Vorbilder für kleine Tiere und Pflanzen findet man bei Marjolein Bastin. Es sind zeichnerisch sehr ausgearbeitete Tierbilder. Für die Kinder kann man sie vereinfachen; die Form ist sehr gut, die Farben kann man für das Holzwandbild lebendiger anlegen, ein Kaninchen beispielsweise mehr rotbraun als graubraun malen. (In Deutsch z.B. *Babybuch*; *Gartentagebuch*, erschienen bei ars edition).

Auch englische Illustratoren haben manchmal ein gutes Gefühl für Farben und feine Details.

Abschließende Feinarbeit

Nun, da die vordere und die rückwärtige Platte fertig sind, müssen die Zwischenleisten ausgesägt werden.

Bei einem Bild mit nur einer beweglichen Figur kommen die Leisten an die Stellen, wie sie im Kapitel «Zwischenleiste» angegeben sind (s. S. 50, Abb. 37 und Abb. 40).

Bei einem Bild mit mehreren beweglichen Figuren, wie bei dem Bild *Der Bauernhof* (s. Abb. 53 und Abb. 76), kann man an dem beigegebenen Muster erkennen, wohin die Zwischenleisten kommen müssen.

Bei einem Bild mit einem Hügel oder Berg, wie bei dem *Schneebild* (s. Abb. 54 und Abb. 101), sägt man die Zwischenleisten aus 5 mm dickem Sperrholz.

Lackieren

Das Lackieren muß sehr vorsichtig geschehen, sonst werden die Buntstiftlinien und die Schatten weggewischt. Vor allem an den Stellen mit weißer Farbe muß man aufpassen (also auch bei der Gesichtsfarbe!). Diese Farbe ist nämlich nicht ins Holz eingezogen und liegt mehr oben drauf, kann also auch leichter fortgewischt werden.

Außerdem muß man sehr ruhig beim Lackieren vorgehen; man muß darauf achten, den Lack immer nur in einer Richtung aufzutragen, sonst schäumt der Lack, und das sieht man hinterher. Nach dem ersten Lackieren muß man das Werkstück gut trocknen lassen, es dann sehr fein schmirgeln und dann eine zweite Lackschicht auftragen.

Die Ränder der Figuren brauchen nur einmal

Abb. 53: Rückseite der Platte auf Abb. 76

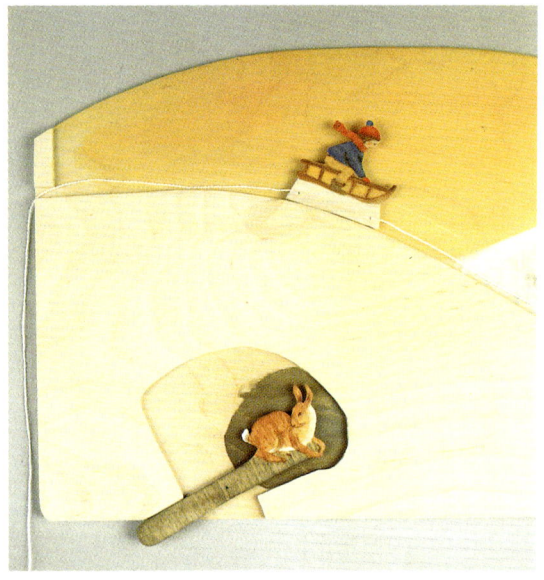

Abb. 54: Rückseite der Platte auf Abb. 101

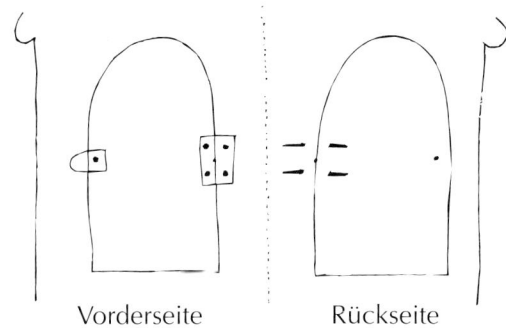

Vorderseite   Rückseite

Abb. 55

lackiert zu werden, dort zieht sofort viel Lack ein. Auf der rückwärtigen Platte darf man keinen Lack an den Stellen auftragen, an denen nachher die Zwischenleisten befestigt werden sollen.

Eine Tür einsetzen

Eine Tür muß immer eingesetzt werden, bevor das ganze Wandbild zusammengeleimt wird.
Dazu muß man ein Brett aus weichem Feuerholz unter die vordere Platte legen. Dann kommt das Scharnier an seinen Platz (damit verschwindet das Bohrloch, das nötig war, um die Tür auszusägen). Die Messingnägel müssen mit einer kleinen Zange festgehalten und ein kleines Stückchen hineingeschlagen werden. Dann kann man das Holzbrett darunter hervorziehen und den Nagel ganz hindurchschlagen (am Rande des Tisches oder der Werkbank).
An der Rückseite müssen die Nägel zur Seite geschlagen werden. Dazu sollte man ein Stück Metall unters Scharnier legen. Die Nagelköpfe

müssen auf dem Metall aufliegen, die Naht des Scharniers jedoch nicht (s. Abb. 55).
Für den Türknopf: Ein kleines, an einer Seite rund gesägtes Stück Sperrholz nehmen, auf einer Seite Leim auftragen, das Stückchen an seinen Platz auf dem Bild legen und es mit einem kleinen Nagel festschlagen! Den hervorstehenden Teil des Nagels abschneiden und den Rest glattfeilen!

Leimen

Dazu muß man die Hintergrundplatte hinlegen (sie verzieht sich leicht, daher sollte man sie an den Rand eines nicht zu dicken Tisches legen, dann kann man die Tischplatte mit festklemmen und die Bildplatte zieht sich wieder gerade).
Dann bestreicht man zuerst die Leisten und die Zwischenstücke an zwei Seiten mit Holzleim, legt sie auf den richtigen Platz auf der rückwärtigen Platte und legt die Vorderplatte darauf.
Auf jeden Fall abschließend kontrollieren, ob auch die Ausgänge für die Fäden offengeblieben sind! Hier und da lose Stückchen der Leisten zwischen die vordere und die rückwärtige Platte legen, um den Abstand zwischen den beiden gleichmäßig zu halten (nicht zu dicht an die geleimten Leisten!).
An die Stellen, an die gleich die Holzklemmen kommen sollen, legt man lose Sperrholzstückchen, damit die Arbeit nicht beschädigt wird. Dann kann man die Holzklemmen, alle 3 bis 4 cm eine, festdrehen, eventuell mit der Tischplatte zusammen (s. Abb. 56).
An solche Stellen, an denen man keine Klemmen anbringen kann (eine dünne Leiste neben einer Tür oder ein Zwischenstück bei einem Baum) muß man etwas Schweres legen, etwa einen Stapel Bücher oder einen Stein (dann aber ein Schutzbrettchen dazwischen!).

Abb. 56

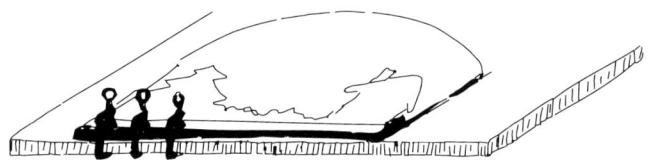

 geleimte Zwischenleiste

 nicht festgeleimte Zwischenleiste

Schutzleiste

Holzklemme

 Bücher oder andere Gewichte

Nacharbeiten

Wenn die Leimklemmen entfernt und die losen Zwischenlagen herausgeholt sind, sägt man mit der Laubsäge die Ecken rund und feilt vorsichtig die Unterkante und die Seitenkante glatt, und zwar schräg von der vorderen Platte aus nach hinten, weil immer die Gefahr besteht, daß das Holz splittert (s. Abb. 57).
Dann schmirgelt man diese Ränder und malt sie in der Farbe der vorderen Platte an und gibt ihnen abschließend noch eine Schicht Lack.

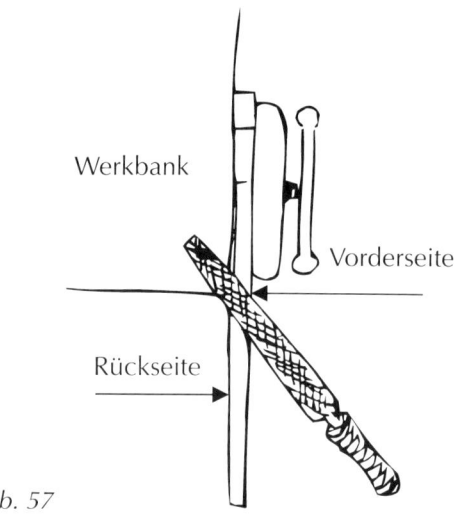

Werkbank

Vorderseite

Rückseite

Abb. 57

Bewegliche Figuren

Wie im Kapitel «Entwerfen» beschrieben, werden diese Figuren gezeichnet, ausgesägt, gemalt und anlackiert.

Jetzt bohrt man für die Fäden kleine Löcher in die Figuren.

Nun muß eine Kordel aus Eisengarn gedreht werden. Dazu muß man 6mal die Länge der Strecke nehmen, die von der Figur zurückgelegt werden muß, und zusätzlich 80 cm. Das legt man doppelt um einen Haken oder einen Türgriff (s. Abb. 58), zieht dieses doppelte Garn durch eines der Löchlein in der Figur und schiebt die Figur in die Mitte des doppelten Garns.

Dann dreht man die Kordel auf. Es muß sehr stark gedreht werden, ohne daß das Garn bricht. Mit einer Hand die Figur festhalten, mit der anderen Hand die beiden Enden der Kordel zusammenfügen, die Kordel straff gespannt halten, die

Figur ganz kurz loslassen, dann dreht sie sich ein Stückchen, und dann die Kordel wieder strammziehen, so daß sie glatt wird. Wenn sie glatt ist, läßt man sie los, damit sie sich ausdrehen kann. An das Ende einen Knoten schlingen, dann muß für das andere Loch der Figur auch eine Kordel gedreht werden. Nun kann die Figur an ihren vorbestimmten Platz gebracht werden. Dafür steckt man die Fäden durch die Öffnungen (gelingt es nicht, nimmt man einen dünnen Eisendraht und steckt den von außen her durch das Loch; der Faden kann daran angeknotet werden). Dann wird am Ende eine Perle befestigt: Dazu wird der Knoten von der Kordel abgeschnitten, das Kordelende naß gemacht und durch die Perle geschoben. Dann schlingt man einen flachen Knoten in die Kordel und holt die Garnenden mit einer Nadel durch die Perle. Diese Endstückchen werden gerade abgeschnitten (s. Abb. 58).

Abb. 58

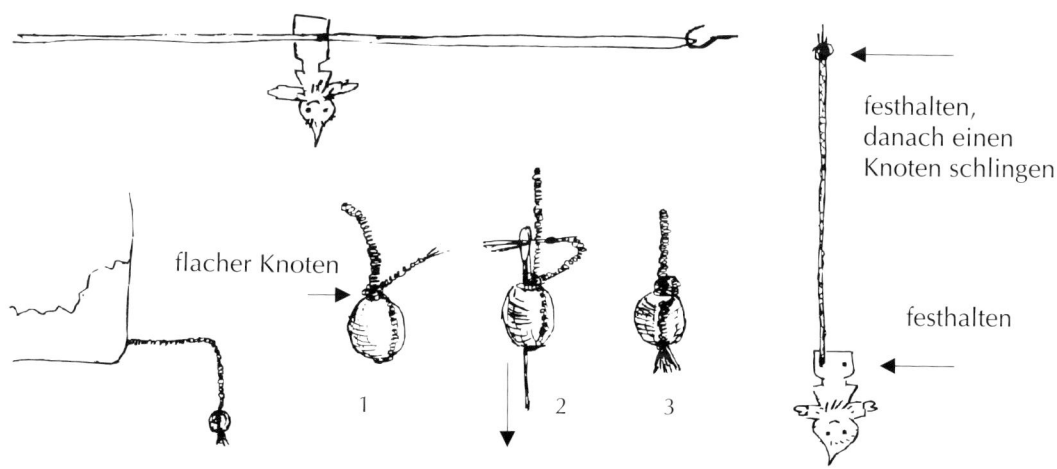

flacher Knoten

1 2 3

festhalten, danach einen Knoten schlingen

festhalten

6 Beispiele mit Modellzeichnungen und Beschreibungen

Bevor man an die eigenen Entwürfe geht, sollte man das Kapitel: «Einen Entwurf aus diesem Buch herstellen» lesen (s. S. 52).

Herbstkränze

Ein einfaches Modell, an dem man das Malen und Zeichnen üben kann, ist ein Herbstkranz. Einen solchen Blätterkranz kann man aus vielerlei Herbstmotiven zusammensetzen.

Man braucht dazu:
– Birkensperrholz 4 mm, ca. 15,5 x 15,5 cm.

Arbeitsanleitung:
a Die Modellzeichnung von Abb. 61 zweifach vergrößern und sie aufs Holz übertragen.
b Die Form aussägen und sorgfältig schmirgeln, die Striche vom Kohlepapier dürfen nicht mehr zu sehen sein.
c Die unterschiedlichen Farben für die Blätter malen. Auch innerhalb der Form eines Blattes sind Übergänge möglich.

Abb. 59: Herbstkranz 1

Abb. 60: Herbstkranz 2

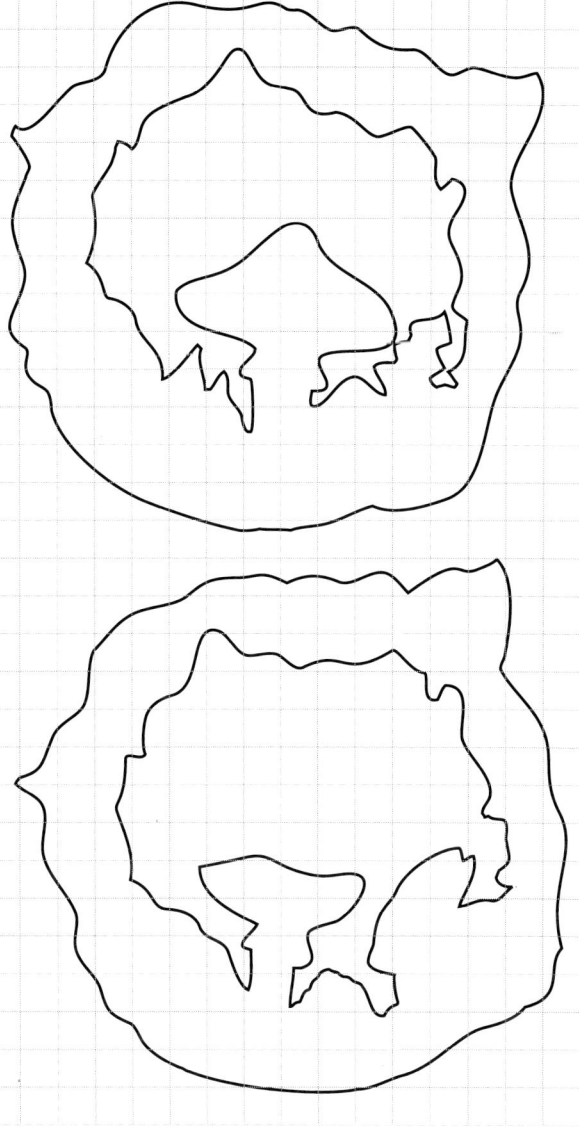

Danach malt man die Pilze, Moose, Gras, ein Tierlein. Wie auf S. 54 beschrieben wurde, malt man zuerst die Farbflächen, danach, wenn die Farbe trocken ist, die dunkleren Stellen und die Details.

d Beim Zeichnen, vorwiegend mit dunkelbraunem Buntstift, legt man die Schatten an (s. S. 60). Da, wo ein Blatt aufhört, muß man eine scharfe Linie ziehen und diese an einer Seite vorsichtig ausarbeiten. Der Übergang sollte so fließend wie möglich gemacht werden.

Die Blattnerven sind ein günstiges Übungsfeld, um locker zeichnen zu lernen: zuerst eine Linie leicht ansetzen, dann fester durchziehen und zum Schluß wieder sanft auslaufen lassen.

Weiß und Rot ist das erste, was man vom Fliegenpilz malt. Wenn die Farbe getrocknet ist, kann man die weißen Tupfer anbringen.

Dann werden die Schatten, die kleinen Linien unterm Hut des Pilzes und ein kleiner brauner Strich unter einen weißen Tupfer mit braunem oder grauem Buntstift gezeichnet.

Für das Marienkäferchen beginnen wir mit einem kleinen roten Fleck. Später werden die Punkte, die Beinchen und der Kopf mit schwarzem Buntstift hinzugefügt. Ganz zuletzt setzt man mit weißem Buntstift noch ganz vorsichtig ein glänzendes Pünktchen.

Gräser und Blätter werden mit grünem Buntstift eingezeichnet.

Wenn man mit dem Zeichnen fertig ist, kann das Lackieren beginnen. Vor allem an den Stellen mit weißer Farbe vorsichtig sein! Zum Schluß an der oberen Kante ein kleines Loch hineinbohren, damit man den Kranz aufhängen kann!

Abb. 61: Modellzeichnung Herbstkranz 1 und 2

Abb. 62 Herbstkranz 2

Zwerg in einer Landschaft

Bei diesem Wandbild werden die ganz einfachen Bewegungen von Hin und Her angewen-
det. Es ist das Urbild des Erscheinens und wieder
Verschwindens, das Versteckspielen des Zwerges. Durch die frontale Form kann der Zwerg
sich ohne Probleme nach links und nach rechts
bewegen.

Man braucht dazu:
- Birkensperrholz 4 mm
  • rückwärtige Platte 23,5 x 27,5 cm
  • vordere Platte und kleine Stückchen: 19 x
    27,5 cm (zusammen 42,5 x 27,5 cm)
- Zwischenleisten 2 cm breit: 27,5 und 12,5 cm
- Zwischenleisten 1 cm breit: 7 cm
- Modellbausperrholz 2 mm dick: 12,5 x 6,5
  cm für den Zwerg
- 2 Holzperlen

Arbeitsanleitung:
a Zuerst die Modellzeichnung von Abb. 64
  zweifach vergrößern (s. S. 52) und auf das
  Holz übertragen,
b dann die Formen aussägen und sie gründlich
  schmirgeln; die Linien vom Kohlepapier dürfen nicht mehr zu sehen sein.
c Malen. Zuerst die Farbflächen auftragen (s. S.
  54), das sind in diesem Fall die Herbstblätter
  und auf den kleinen Holzstücken die Pilze
  und Tannenbäume (s. S. 57). Überall kommt
  Grün zwischen die Farbflächen, Moosgrün
  und Braun. Moosgrün entsteht, wenn man
  Grün mit etwas Braun vermischt.
  Die Arbeit an der rückwärtigen Platte beginnt
  mit den gelben Bäumen: Gelb, hier und da mit
  ein wenig Ocker oder Gebranntem Siena vermischt. Danach malt man die braunen Stämme, Gelb auf dem Boden und dann das Grün
  vom Hintergrund.

Abb. 63: Zwerg (Originalgröße)

Den blauen Himmel kann man erst malen,
wenn das Gelb aufgetrocknet ist. Nachträg-
lich kann man vorsichtig mit einem nassen
Pinsel über den Rand des Gelb und des Blau
gehen, so daß der Übergang nicht zu hart ist,
danach mit einem Tuch trockentupfen.

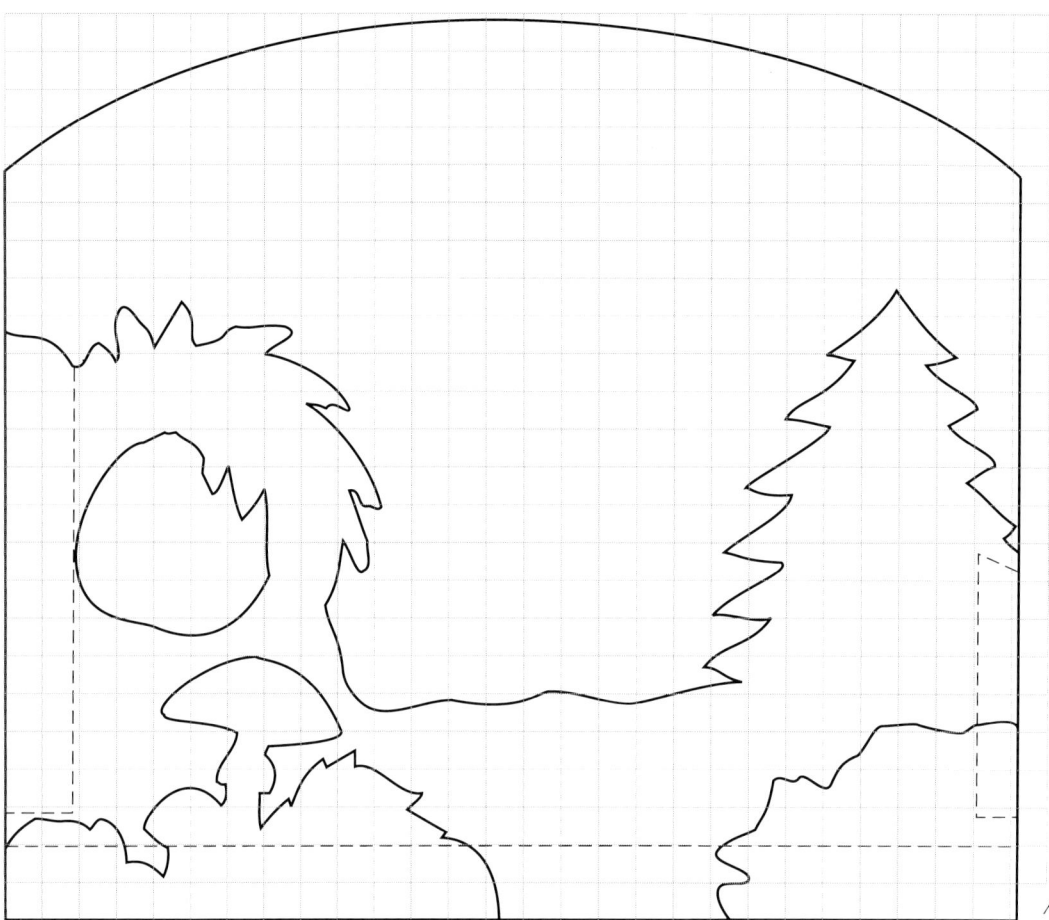

Abb. 64

d Zeichnen. Die Schatten und Details genauso zeichnen wie beim Herbstkranz beschrieben.

e Der Zwerg. Zuerst sägt man den Zwerg aus (Abb. 63). Dann bemalt man ihn und zeichnet mit braunem Buntstift die Schatten und Details, wenn die Farbe trocken ist.

f Lackieren. Vorderplatte und rückwärtige Platte lackieren, aber nicht an der Stelle, an die nachher die Pilzränder geklebt werden müssen (am besten legt man sie während des Lackierens lose auf und zieht den feinen Lackpinsel rundherum). Die rückwärtige Platte darf man entsprechend nicht an den Stellen lackieren, an die nachher die Leisten kommen müssen.

g Leimen. Zuerst bestreicht man die Zwischenleisten mit Holzleim und legt sie an die Stelle, die im Modell dafür angegeben ist (gestrichelte Linien). Dann legt man die mit Leim bestri-

Abb. 65: Zwerg in einer Landschaft

chenen Pilzränder auf die vordere Platte; man sucht schon ein Stück Sperrholz, das man als Schutz daraufflegen kann, wenn man später die Klemmen ansetzt (s. S. 63).

h Nacharbeiten. Die geleimte Platte kann jetzt abgerundete Ecken bekommen (Sägen), und die Seitenkanten können abgefeilt, grün und braun bemalt und lackiert werden. Abschließend bekommt der Zwerg Fäden und wird in das Bild auf die Zwischenleiste gesetzt. Die Schnüre durch die seitlichen Öffnungen ziehen und die Perlen befestigen (S. 65). Zum Aufhängen bohrt man oben und eventuell auch unten kleine Löcher ins Holz (Bohrer Nr. 3).

Abb. 66: Osterhäschen in einer Landschaft mit Eiern

Osterhäschen

Bei den folgenden beiden Wandbildern gibt es zwei Figuren, von denen immer nur jeweils eine zu sehen ist, das sind die Häschen. Für Kinder ist es eine Überraschung: «Wie hat sich das Häschen plötzlich umgedreht?» Dasselbe Modell ist auf zwei unterschiedliche Arten bemalt, das eine Mal nur mit Frühlingsblumen, das andere Mal mit Ostereiern. Auch der Hintergrund ist anders bemalt; daran kann man gut erkennen, wie ein Muster auf ganz verschiedene Arten ausgearbeitet werden kann, wie eine ganz andere Stimmung entstehen kann (s. Abb. 67 – 69 und 70 72).

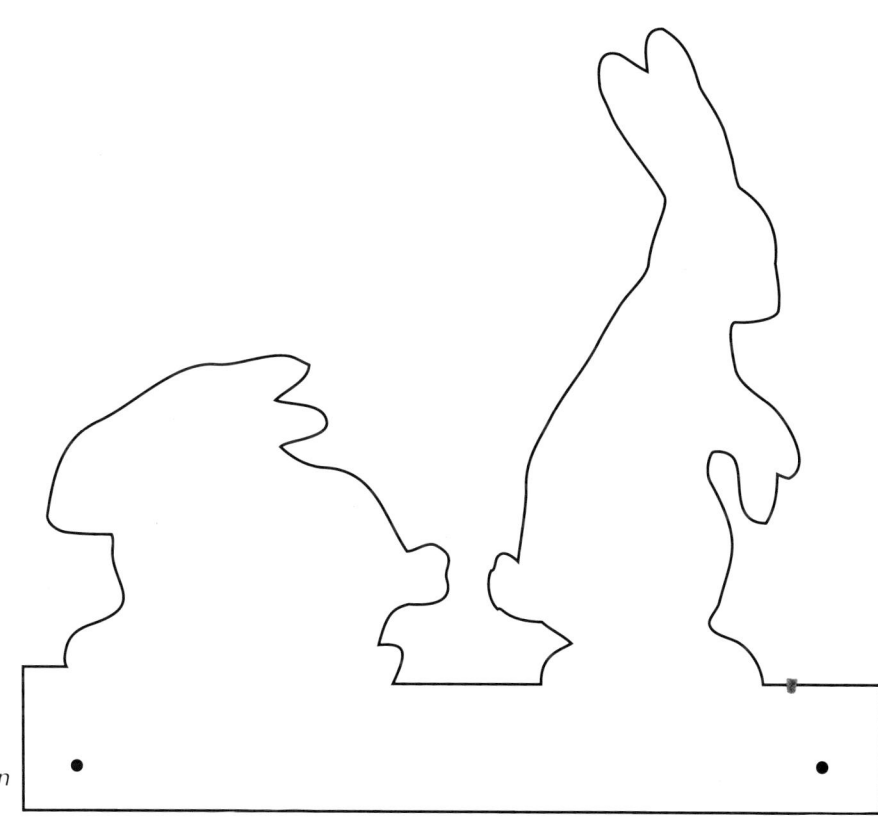

Abb. 67: Osterhäschen
(Originalgröße)

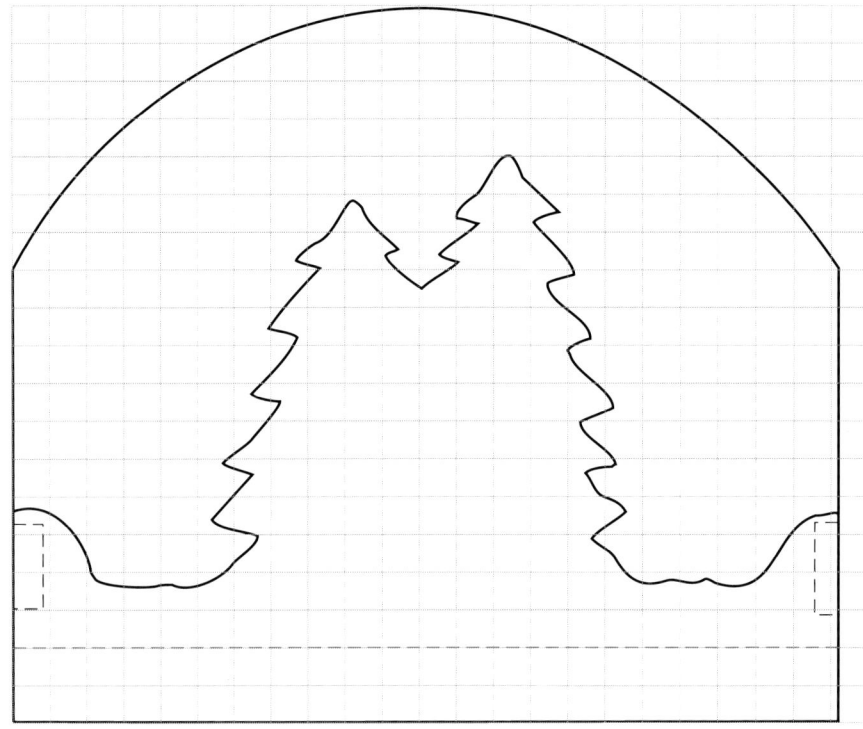

Abb. 68

Man braucht dazu:
- Birkensperrholz 4 mm dick, 34 x 22,5 cm
- Modellbausperrholz, 2 mm dick, 10 x 11 cm
- Leisten von 2 cm Breite: 22,5 cm
- Leisten von 1 cm Breite: 3,5 und 4 cm
- 2 Holzperlen

Arbeitsanleitung:
a Zuerst die Modellzeichnung von Abb. 68 zweifach vergrößern und mit Hilfe von Kohlepapier aufs Holz übertragen.
b Die Formen aussägen und schmirgeln.
c Malen. Zuerst die Blumen und die Blumenblätter malen (Abb. 69). Bei der anderen Holzplatte die Felsen und die Ostereier (Abb. 72).

Dann werden die Tannenbäume (s. S. 57) und das Grün und Braun des Untergrundes gemalt. Für die rückwärtige Platte kann man einen breiteren Pinsel und gut verdünnte Farbe verwenden. Damit schafft man einen Übergang für die Farben. Bei der einen Platte (Abb. 69) sind es die grünen Hügel, danach ein Gelb und ein dünnes Karminrot, in Violett übergehend.
Bei der anderen Holzplatte (Abb. 72) malt man eine Bahn gelben Lichtes von rechts, das dort in sehr dünnes gebranntes Siena, links aber in Grün übergeht. Wenn das Holz getrocknet ist, können Tannenbäume und Gras darauf gemalt werden.

Abb. 69: Osterhasen in einer Landschaft mit Blumen

d Zeichnen. Die Details werden mit dem Buntstift gezeichnet: die Gräser, Moose, ein dunk-
   lerer Fleck in den Felsen und im Inneren der
   Blume und so weiter. Die Eier malt man an der
   Seite etwas dunkler und gibt ihnen mit einem
   dünnen weißen Buntstift ein Glanzpünktchen,
   dann werden sie rund.
e Häschen. Die Häschen werden aus Modellbausperrholz ausgesägt (Abb. 67), geschmirgelt und dann weiß und braun bemalt; der
   Untergrund wird braun. Dann werden die Details gezeichnet.
f Lackieren. Die vordere Platte und die hintere
   Platte müssen lackiert werden, aber nicht
   dort, wohin die Leisten kommen sollen. Dann
   schmirgelt man das Ganze noch einmal und
   lackiert ein zweites Mal darüber.
g Leimen. Die Leisten werden mit Leim bestri-
   chen und auf die im Modell angegebenen
   Stellen gelegt. Zum Festklemmen kann man
   sich noch einmal die Angaben auf Seite 63
   ansehen.
h Nacharbeiten. Wenn der Leim getrocknet ist,
   werden die Ecken der Platte überall abgerundet
   und die Ränder glattgefeilt. Dann bemalt man
   die Ränder in der Farbe der vorderen Platte und
   lackiert sie anschließend. Zum Schluß bekommen die Häschen Fäden und nach dem Einset-
   zen Perlen (S. 65). Zum Aufhängen bohrt man
   oben und vielleicht auch unten Löcher ins
   Holz (Bohrer Nr. 3).

Abb. 70

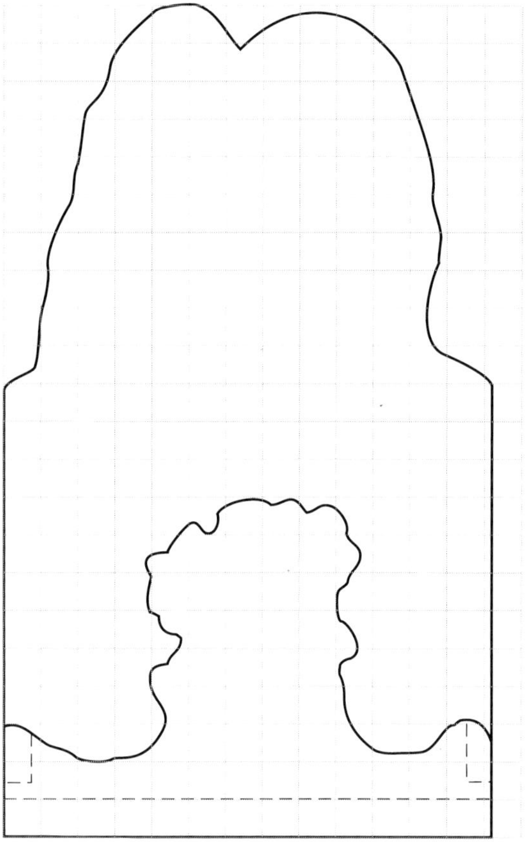

Abb. 71

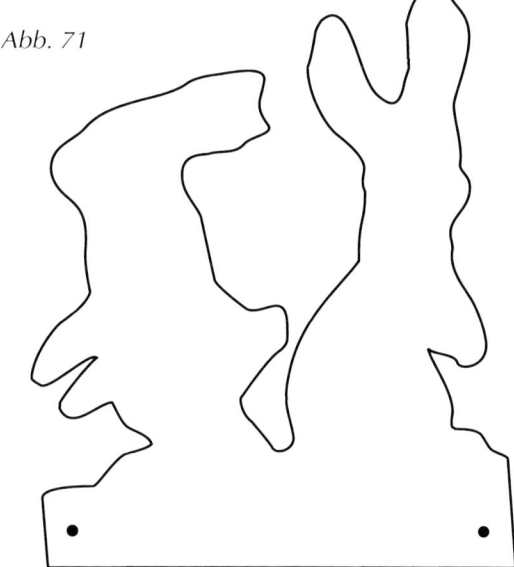

76

Abb. 72: Osterhäschen vor einem Hintergrund mit Birken

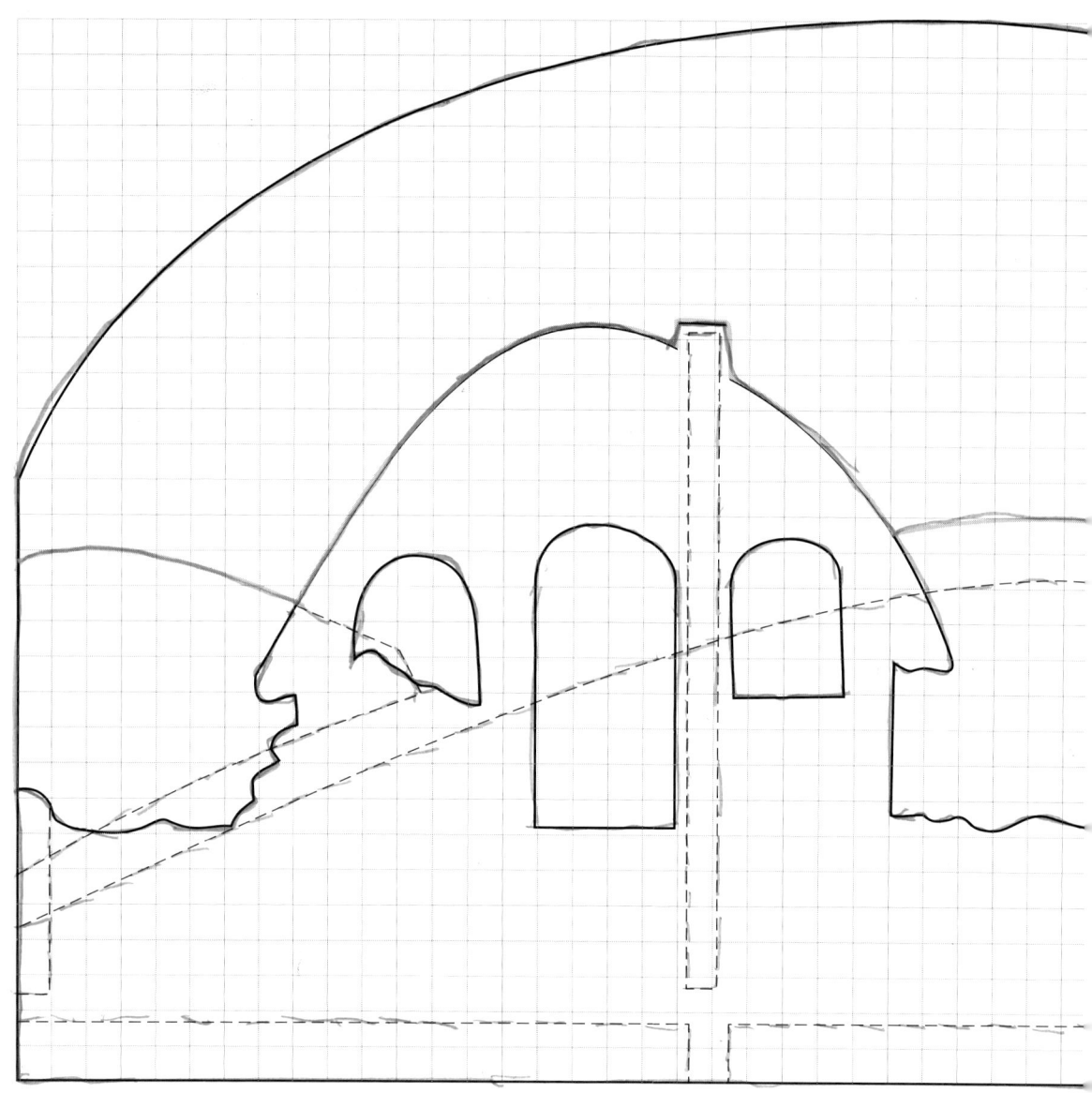

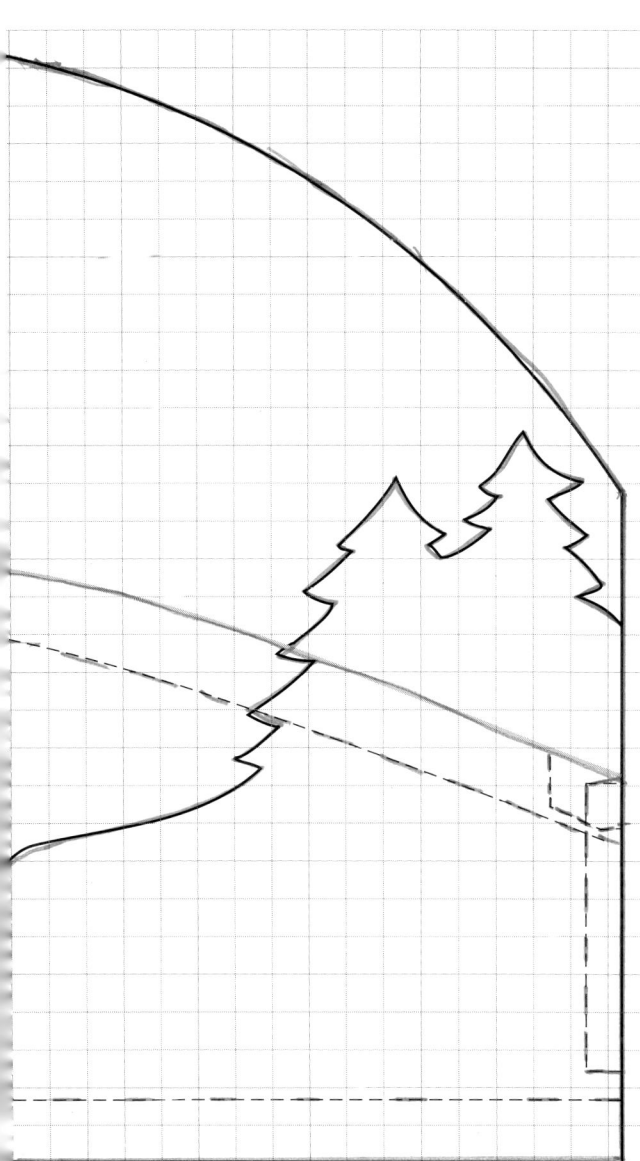

Abb. 73: Modellzeichnung Bauernhof

Der Bauernhof

Der Bauernhof ist ein dankbares Thema, an dem jedes kleine Kind Freude hat. Die vielen Tiere dort kann man benennen und viele Geschichten von ihnen oder von ihrer Umgebung erzählen.

Bei der *einfachen Ausführung* (s. Abb. 75) bewegen sich der Bauer und die Bäuerin, sie gehen zu den Tieren, verschwinden im Haus und kommen wieder nach draußen. Der Bauer gräbt mit seinem Spaten, die Bäuerin pflückt Blumen und hat einen Eimer für Wasser oder für Milch.

Bei der *schwierigeren Ausführung* (s. Abb. 76) ist durch die Zwischenplatte eine zweite Linie entstanden, auf der sich der Traktor über den Hügel bewegen kann. Außerdem wird Tiefe suggeriert: der Traktor ist klein, der Hügel ist weit entfernt. Kinder, die etwas älter sind, erleben hieran mehr.

Man braucht dazu:
- Birkensperrholz, 4 mm dick
  - vordere Platte 22 x 49,5 cm (reicht auch für das Pferd, s. Abb. 78)
  - Zwischenplatte 22 x 49,5 cm (nur für die Ausführung mit dem Traktor)
  - die Zwischenschicht, auf welcher der Traktor fährt: 15 x 49,5 cm
  - rückwärtige Platte 30 x 49,5 cm
  Für die Ausführung ohne Traktor sind 52 x 50 cm genug, für die Ausführung mit Traktor braucht man 90 x 50 cm
- Modellbausperrholz 2 mm dick:
  - Bauer und Bäuerin 14 x 10,5 cm,
  - Traktor 4,5 x 5,5 cm
- Leisten 1 cm breit: 19,6 und 8 cm
- zwei kleine Scharniere
- 9 Messingnägel, passend zu den Scharnieren
- 6 Holzperlen

Arbeitsanleitung:

a Zuerst wird die Modellzeichnung (Abb. 73) zweifach vergrößert und auf die Holzplatten übertragen. Die Konturen der Zwischenplatten bei der schwierigeren Version sind grau gezeichnet.

b Dann sägt man die Formen aus und schmirgelt sie gründlich (bis auf die Zwischenschicht, auf welcher der Traktor fahren soll). Dann wird die kleine Tür eingesetzt (s. die Anleitung auf S. 63).

c Malen. Die vordere Platte: Zuerst die Farben der Tiere auftragen, und gesondert auch die der Blumen, der großen Blätter, der Hortensie. Dann mit Ockergelb das Strohdach. Für die Mauern nimmt man Rot, für die Tür Braun, für den Weg Grau, sonst verschiedene Grüntöne. Wenn der Untergrund getrocknet ist, kommt eine nächste Schicht: grüne Zweige für den Tannenbaum, ockergelbe Streifen im Strohdach, gerade rote Steinchen für die Mauern. Auch in das Grün kann man durch Grasbüschel noch Akzente setzen.

Zwischenplatte: Hinter die Tür und die Fenster des Hauses kommt Goldgelb: Zuerst nimmt man Zitronengelb und gibt dann dem Ganzen mit Orange oder dünnem Rot an einer Seite warme Akzente.

Die Blumen, das ockergelbe Korn, die dunklere Erde und den grünen Hügel malt man zuerst nur als Farbflächen. In das Korn kann man dann mit schrägen Streifen Ockergelb noch Halme malen.

Rückwärtige Platte: Bei der Version ohne Zwischenplatte malt man hier genau wie oben beschrieben das Korn und die Blumen und das Gelb hinter den Fenstern. Darüber leitet man mit dünner Farbe aus zartem Gelb über ein dünnes Karminrot zum Blau über.

d Zeichnen. Die Schatten und die Details so zeichnen wie auf S. 60 beschrieben. Der Schat-

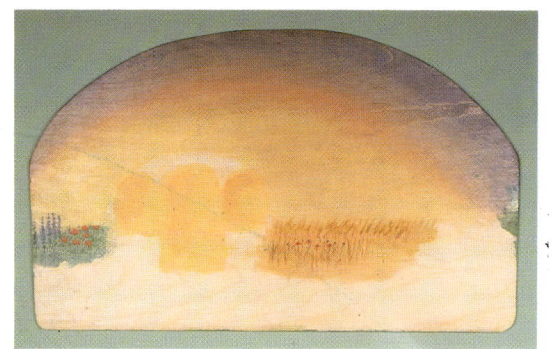

Abb. 74: Hintergrundsbild des Bauernhofes

Abb. 75: Bauernhof ohne Zwischenplatte

Abb. 76: Bauernhof mit Zwischenplatte

Abb. 77: Bäuerin, Bauer und Traktor (Originalgröße)

ten unter dem Dachrand kann entweder nur gezeichnet oder zuerst auch mit dünner dunkelbrauner Farbe angedeutet werden. Auch hier muß man wieder darauf achten, daß der Schatten an einer Seite scharf gezeichnet ist und an der anderen sanft verläuft. Hier und da noch einen Akzent setzen, aber nicht am ganzen Rand des Daches entlang, das würde zu steif werden. Die Stiele des Klatschmohns und die verblühten Mohnblüten zeichnet man gesondert, das Korn bekommt hier und da einen gezeichneten Halm.

e Der Bauer, die Bäuerin und der Traktor werden nach Vorbild ausgesägt (Abb. 77).

f Lackieren. An die Leimstellen von Zwischenleisten oder Zwischenschichten darf kein Lack kommen. Auch der Platz vor dem Stück mit dem Pferd (Abb. 78) wird auf der Vorderplatte nicht lackiert. Man legt dies Teil darauf und lackiert drumherum.

g *Leimen. Version ohne Traktor* (Abb. 75): Die Leisten werden wie auf S. 73 angegeben auf die hintere Platte geklebt, unten 2 Leisten, rechts und links je eine und eine zwischen Tür und Fenster (s. S. 63/64). Beim Leimen darauf achten, daß die Leiste zwischen Tür und Fenster nicht verrutscht.

Version mit Traktor (Abb. 76): Zuerst die unbemalte Zwischenleiste hinter den Hügel rechts und das Stückchen Triplexholz hinter den Hügel links sowie das kleine Stück Triplex rechts auf die Hinterplatte kleben (s. Abb. 73). Nun die bemalte Zwischenplatte auf die Hinterplatte kleben und auf die Zwischenplatte die noch fehlenden Leisten und darauf die Vorderplatte. Zuletzt das Pferd für beide Versionen.

h Nacharbeiten. Die Seitenränder der Platte werden glattgefeilt und dann bemalt und lackiert. Die Figuren bekommen Fäden und Perlen (s. S. 65), und zum Schluß werden die Löcher fürs Aufhängen gebohrt.

Abb. 78: Modellzeichnung Pferd

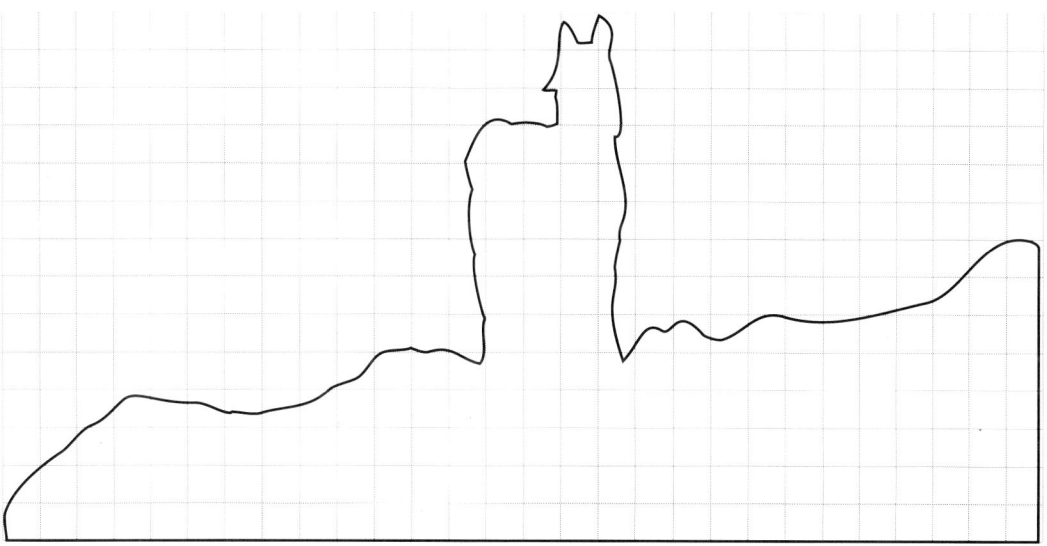

Abb. 79: Hirtenszene (Tag)

Hirtenszene

Dieses Wandbild hat außer den beweglichen Schafen auch noch eine Drehscheibe als rückwärtige Platte. Hierdurch ist ein Wechsel von Tag und Nacht möglich. Mit der anderen Farbe des Himmels verändert sich zugleich die ganze Stimmung des Bildes (s. Abb. 79 und 80). Vor allem verändert das Grün seinen Charakter: Nachts erscheint es dunkler, blauer, am Tage wird es strahlend hellgrün.

Man braucht dazu:
– Birkensperrholz 4 mm dick:
  • rückwärtige Platte 26,5 x 28,5 cm
  • vordere Platte 25 x 8,5 cm
  • Drehscheibe 23,5 x 23,5 cm
  Insgesamt ist ein Stück von 27 x 61 cm Größe ausreichend.
– Modellbausperrholz 2 mm: 10 x 6 cm
– Leisten 1 cm breit: 1, 5, 5, 11 und 12 cm
– 1 Musterklammer, wie sie zum Verschließen von dicken Briefen verwendet wird, und zwei dazu passende Unterlegscheiben
– 4 Holzperlen

Arbeitsanleitung
a Zuerst vergrößert man die Modellzeichnung zweifach (Abb. 82) und überträgt sie aufs Holz.
b Dann sägt man alles aus, schmirgelt es glatt und bohrt die Löcher für die Musterklammer.
c Malen. Genauso wie bei den anderen Bildern: zuerst die Schafe (weiß, nicht dick), die Stämme der Birken, die Blumen. Die Blätter der Bäume malt man zuerst als grüne Flächen, wenn diese getrocknet sind, gibt man mit etwas dickerer Farbe die Richtung der Blätter an. Als nächstes malt man den Hirten wie auf S. 56 beschrieben und den Karren, und dann

Abb. 80: Hirtenszene (Nacht)

Abb. 81: Hirtenszene (Drehscheibe)

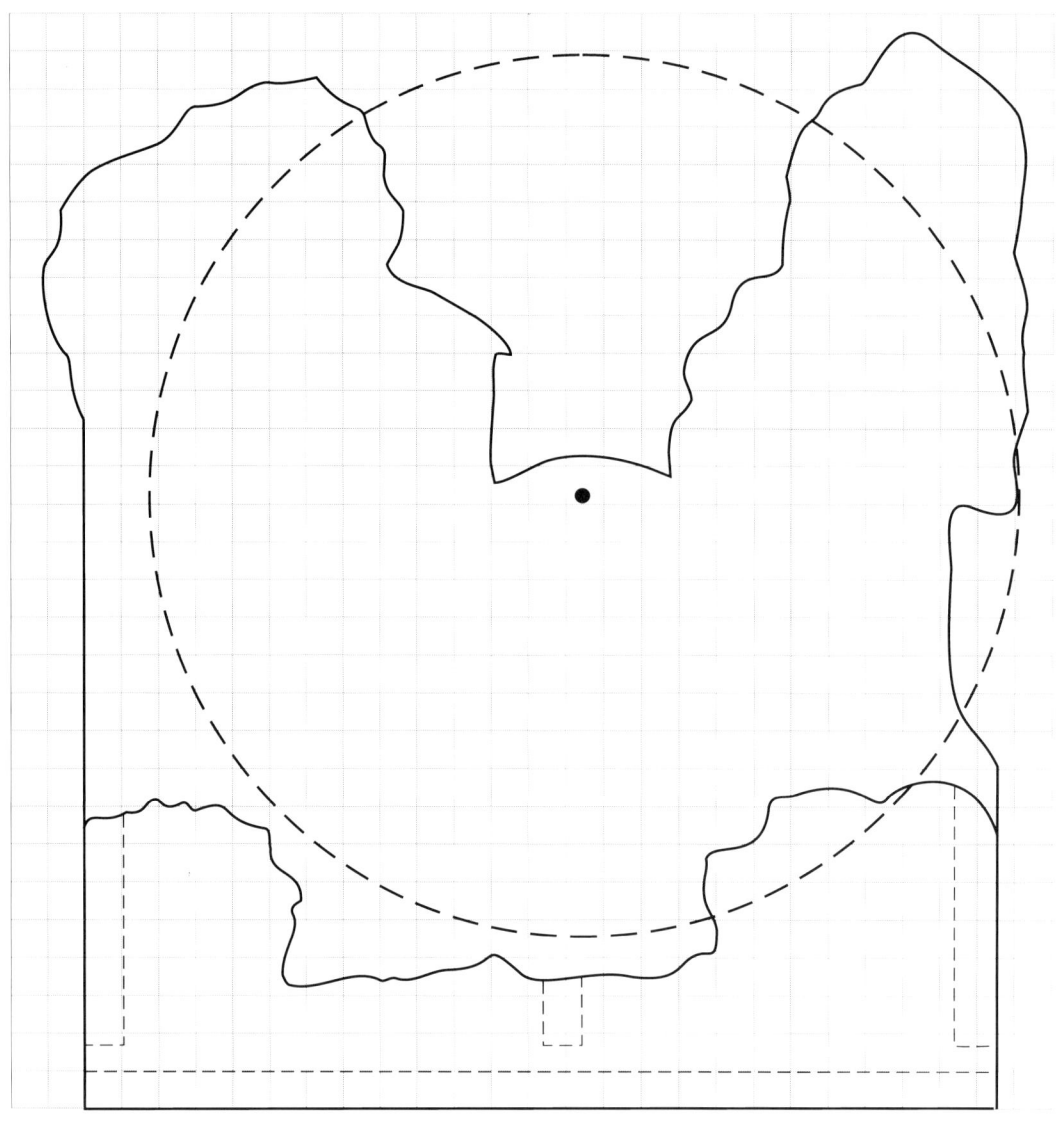

Abb. 82: Modellzeichnung der Hirtenszene

so differenziert wie möglich das viele Grün, vorne mehr Hellgrün, nach hinten hin Blaugrün. Das Bemalen der Drehscheibe ist etwas mühsamer, vor allem der Übergang vom Gelb an der einen Seite über das Karminrot zum dunklen Blau. Dabei darf man nicht vergessen, als erstes den Mond und die Sterne zu malen (Gelb mit Weiß gemischt). Wenn man möchte, können dunkle Wolken (Indigo) mit weißen Rändern beim Mond sein.

d Zeichnen. Die Schatten und die Löckchen im Fell der Schafe können braun oder grau gezeichnet werden. Weiterhin müssen Gräser, Zweige in den Bäumen und andere Details so gezeichnet werden wie angegeben. Am gelben Himmel können Vögel gezeichnet werden.

e Die Schafe (Abb. 83) werden aus Modellbausperrholz gesägt, bemalt und lackiert.

f Lackieren. Die Bilder können lackiert werden, wobei man nur die Stellen der Mittelplatte, wohin die Leisten kommen, ausspart.

g Leimen. Die vier Leisten werden zwischen dem vorderen Teil und dem Bild festgeleimt, wie auf dem Muster angegeben.

h Nacharbeiten. Unterer Rand und Seitenrand müssen gefeilt, bemalt und lackiert werden. Dann schiebt man die Musterklammer durch das Loch der Platte, schraubt eine Unterlegscheibe darum, bringt die Drehscheibe an, schiebt wieder eine Unterlegscheibe darum und biegt dann die Klammer auseinander. An den Schafen befestigt man jetzt Fäden und Perlen (s. S. 65).

Wenn man dieses Bild an die Wand hängen will, müssen auf der Hintergrundplatte noch kleine Abstandsblöckchen aus dickerem Sperrholz angebracht werden. Danach muß man durch diese Blöckchen und die Platte vier Löcher bohren, um das Bild an der Wand zu befestigen.

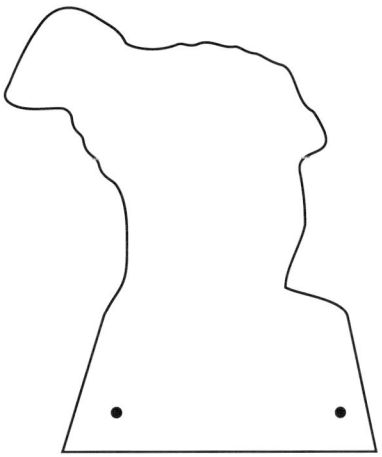

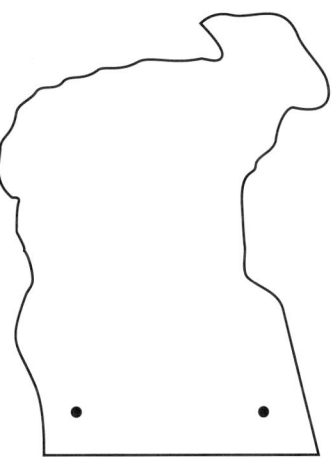

Abb. 83: Schafe (Originalgröße)

Entchen im Wasser

Die Entlein schwimmen über einen wogenden Zwischenrand hin und her. Hierdurch entsteht der Eindruck von Wasser und einer ganz natürlichen Bewegung.

Natürlich schwimmen sie vor und zurück, weil die charakteristische Form der meisten Tiere seitlich am besten zu sehen ist; es ist nicht möglich, daß sie sich, wie ein Bauer oder ein Zwerg, frontal bewegen.

Man braucht dazu:
– Birkensperrholz 4 mm dick:
  • vordere Platte 24 x 36,5 cm
  • hintere Platte 29 x 36,5 cm
  • Zwischenrand 3 x 36,5 cm
  Die übrigen Teile können aus dem, was von der vorderen Platte übrigbleibt, hergestellt werden. Insgesamt also 56 x 36,5 cm.
– Modellbausperrholz 2 mm dick: 4,5 x 5,5 cm
– 2 Holzperlen

Arbeitsanweisung:
a Die Modellzeichnung (Abb. 86) zweifach vergrößern und aufs Holz übertragen.
b Dann die Formen aussägen und sie glattschmirgeln.
c Malen. So wie bei den anderen Bildern malt man erst die Blumen, den Weidenbaum (den Stamm braun, grüne Flecken in die Krone und dazwischen dünnes Blau). Wenn man die Kühe malen will, muß man gut achtgeben, wo die weißen und wo die braunen Flecken sind, erst beim zweiten Mal legt man die dunkelbraunen Schatten mit Farbe fest. Auch der Entenvater wird mit verschiedenen Farben angelegt. Danach malt man die darum liegenden Farben vor allem in der Ferne mit dünneren Farben. Den Himmel sollte man so malen wie auf S. 58 beschrieben. Das Wasser wird mit Ultramarinblau gemalt, in das man später noch etwas Grün mischt. Auch hier sollte man mit dünner Farbe arbeiten, dann ist die Maserung nach dem Lackieren sehr schön sichtbar.
d Zeichnen. Schatten, Details, Gräser und so weiter werden eingezeichnet. Das, was weiter entfernt liegt, sollte weniger stark ausgearbeitet werden.
e Die Entchen (Abb. 84) werden ausgesägt, dann wird zuerst das gelbe Entchen gemalt und dann die Mutter in Ocker und gebranntem Siena. Weiße Details mit einem Buntstift einzeichnen, wenn die Farbe trocken ist!
f Lackieren. Die einzelnen Partien des Bildes werden lackiert und dabei die Stellen für die Zwischenschicht freigelassen; dorthin darf kein Lack geraten.
g Leimen. Die Platten werden aneinandergeleimt. Auf der Modellzeichnung (Abb. 86) ist zu sehen, wie die Zwischenschicht und die Hilfsstöckchen angebracht sein müssen.
h Nacharbeiten. Die Seitenränder müssen gefeilt, bemalt und lackiert werden. Dann müssen Kordeln für die Entchen gedreht und die Perlen befestigt werden (s. S. 65).

Abb. 84: Entchen (Originalgröße)

Abb. 85: Entchen im Wasser

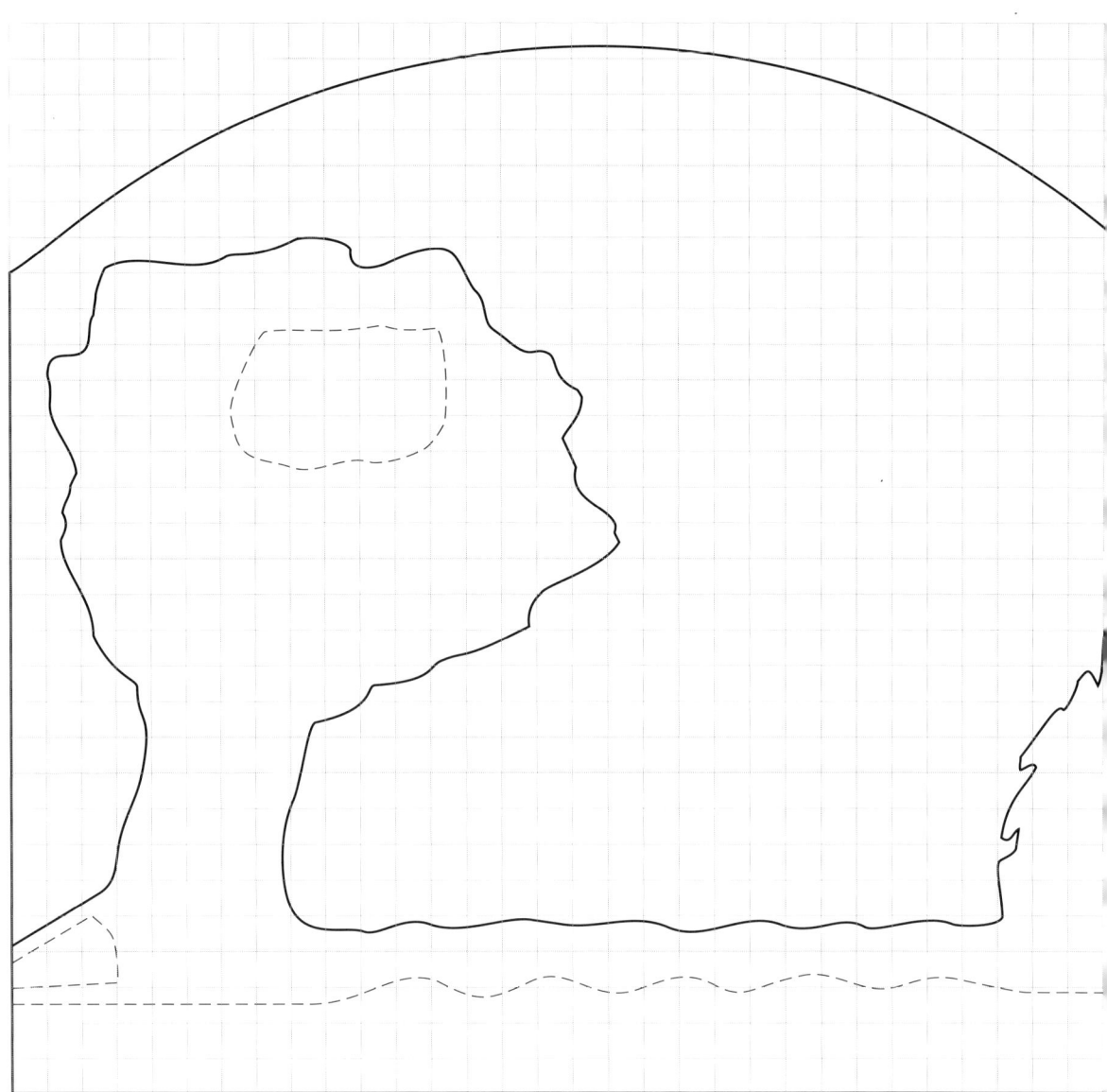

Ein Boot auf See

Das Boot auf See bewegt sich nach demselben Prinzip wie die Entchen im Wasser (Abb. 85).

Man braucht dazu:
- Birkensperrholz 4 mm dick:
  • vordere Platte 58,5 x 12 cm
  • Zwischenrand 58,5 x 2,5 cm
  • Hintergrundsplatte 58,5 x 20,5 cm
  Insgesamt 58,5 x 35 cm. Beim Himmel und beim Wasser auf die Maserung des Holzes achten!
- Modellbausperrholz 2 mm dick: 6 x 4,5 cm
- weißes Eisengarn, statt wie üblich braunes
- 2 Holzperlen

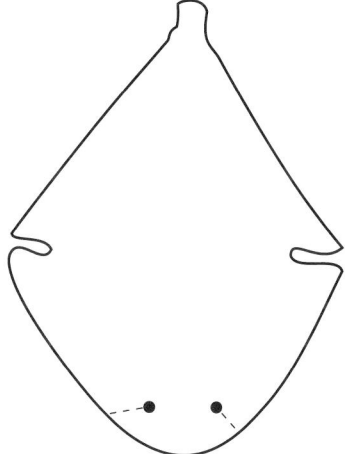

Abb. 86: Modellzeichnung
Entchen im Wasser

Abb. 87: Boot (Originalgröße)

91

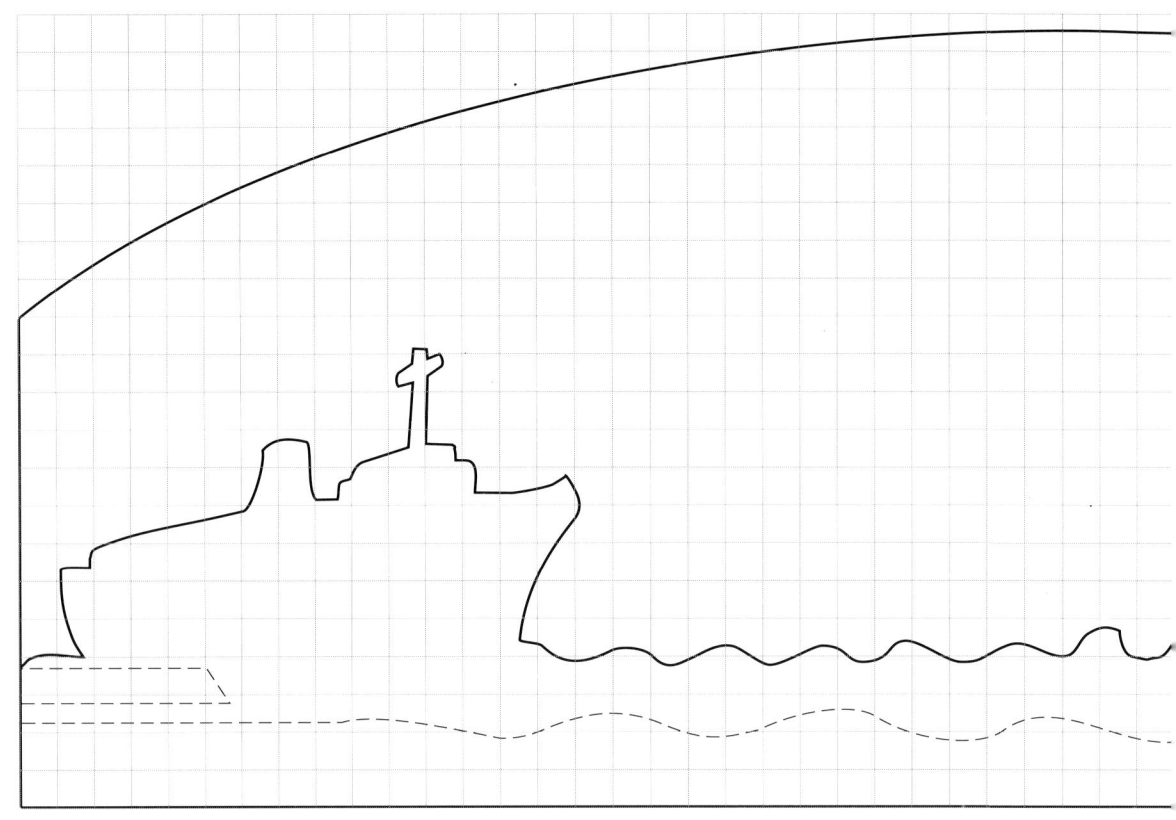

Abb. 88: Modellzeichnung Ein Boot auf See

Arbeitsanleitung:
Es gilt dasselbe Prinzip wie bei den Entchen im Wasser (S. 88).
Wichtig fürs Malen ist es, zuerst die Häuschen zu nehmen, dann die ockergelben Dünen, danach See und Himmel. Man muß achtgeben, daß Ok-ker und Blau nicht ineinanderlaufen, man malt die beiden Farbflächen dicht nebeneinander und geht, wenn sie trocken sind, noch einmal mit einem nassen Pinsel darüber, abschließend tupft man sie mit einem Tuch trocken.

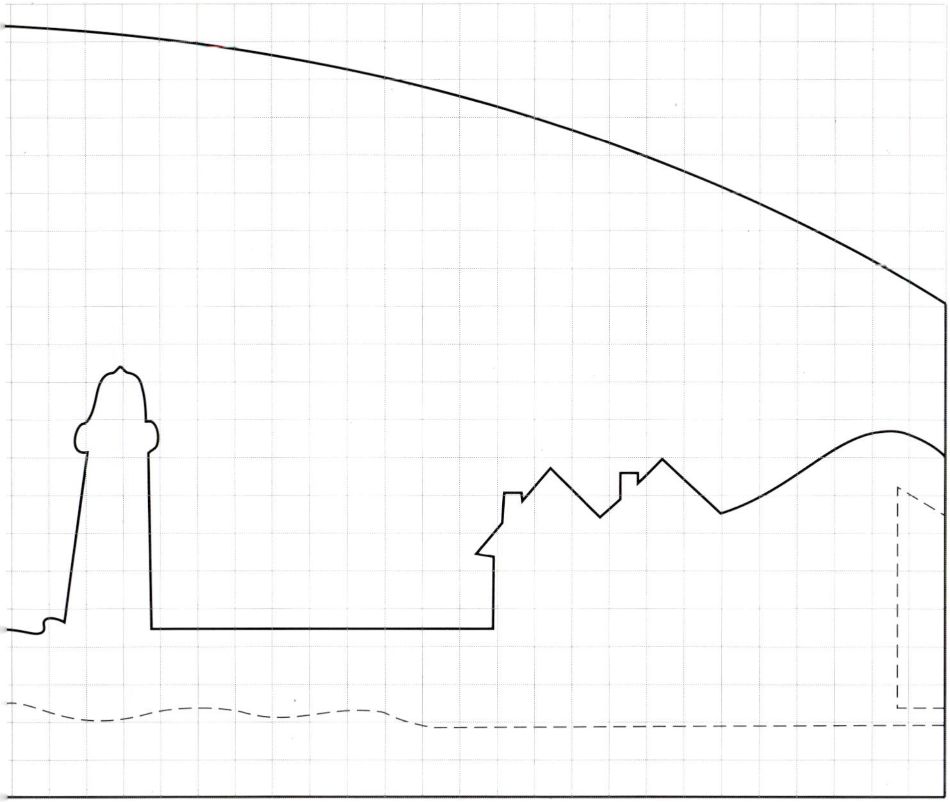

Abb. 89: Ein Boot auf See

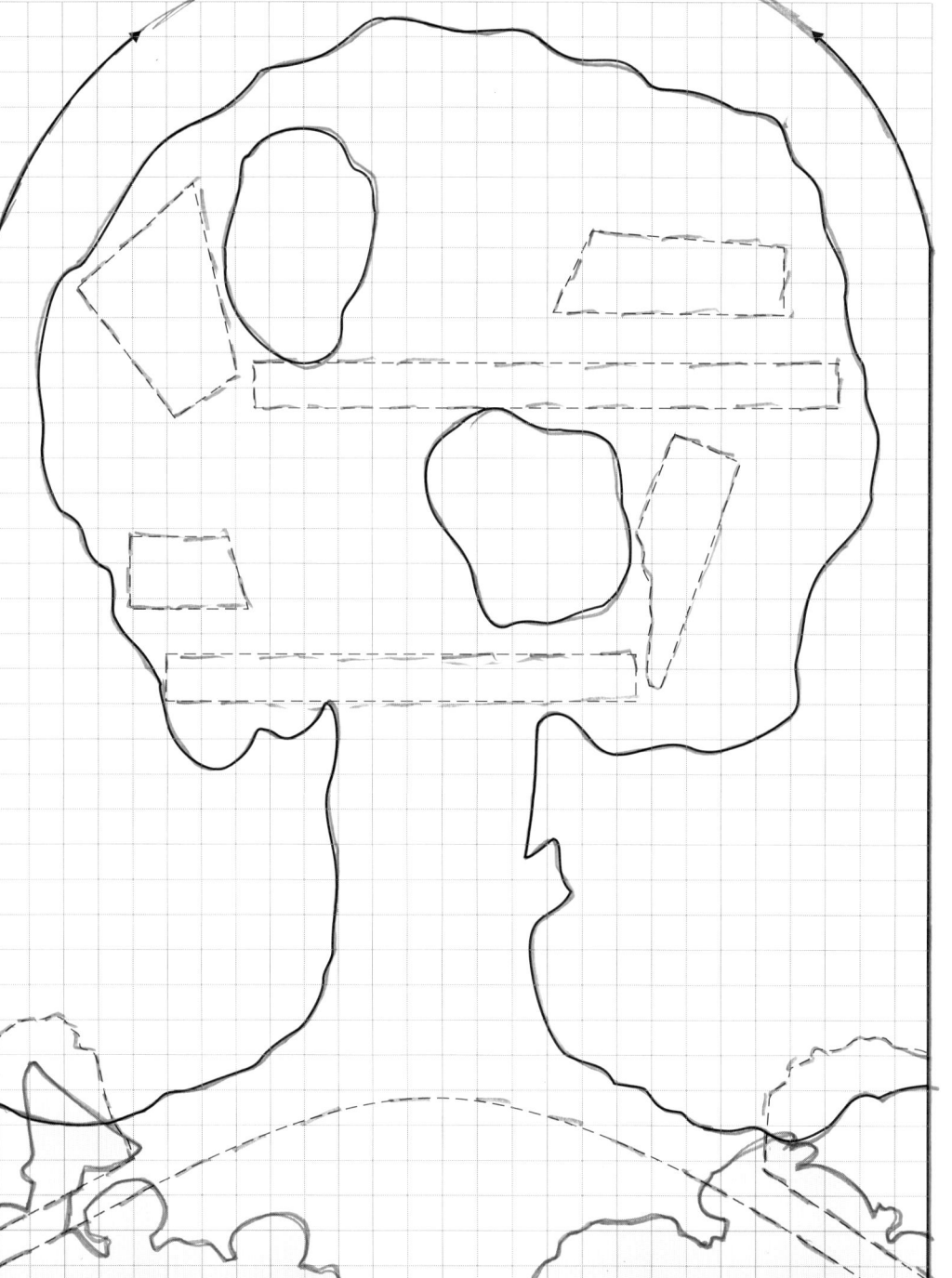

Baum mit Tieren und Zwerg

Der Baum ist ein ausgewachsener, großer Baum, mit einem kräftigen Stamm und einer großen Krone. Die Tiere darin sind im Verhältnis viel zu groß, aber für die Empfindung eines Kindes ist das nicht schlimm; es zeichnet selber die wichtigen Dinge groß. Der Zwerg wandert über einen Hügel (die Zwischenschicht verläuft in einem Bogen). Hierdurch macht er eine unerwartete Bewegung, wenn er auf der anderen Seite des Baumes zum Vorschein kommt. Die Tiere erscheinen und verschwinden mit Hilfe von Schiebeleisten.

Man braucht dazu:
– Birkensperrholz 4 mm
  • Vorderplatte 27 x 36,5 cm
  • rückwärtige Platte 27 x 38,5 cm
  • kleine Teile können aus dem Rest der vorderen Platte hergestellt werden. Gemeinsam also 27 x 75 cm.
– Im Beispiel sind Eule und Eichhörnchen aus 5 mm dickem Birkensperrholz, dazu haben sie einen kräftigen Griff, den man gut anfassen kann.
  Notwendig: 9 x 21 cm
– Modellbausperrholz 2 mm
  • Zwerg 9 x 6 cm
– Birkensperrholz 6 mm
  • Zwischenplatte 27 x 10 cm (wenn Eule und Eichhörnchen von Modellbausperrholz 2 mm hergestellt wurden, kann man für die Zwischenschicht 4 mm Birkensperrholz nehmen)
– 2 Holzperlen

Arbeitsanleitung:
a Zuerst wieder die Modellzeichnung (Abb. 90) zweifach vergrößern und auf das Holz übertragen. Die Figuren im Vordergrund (Pilze, Häschen) sind in der Zeichnung grau.
b Dann müssen die einzelnen Teile ausgesägt und geschmirgelt werden.
c Malen. Wie bei den vorangehenden Bildern malt man zuerst die Tiere und die Blätter, schaut auf die Farbflächen und setzt dann die dunkleren Flecken und Nuancen.

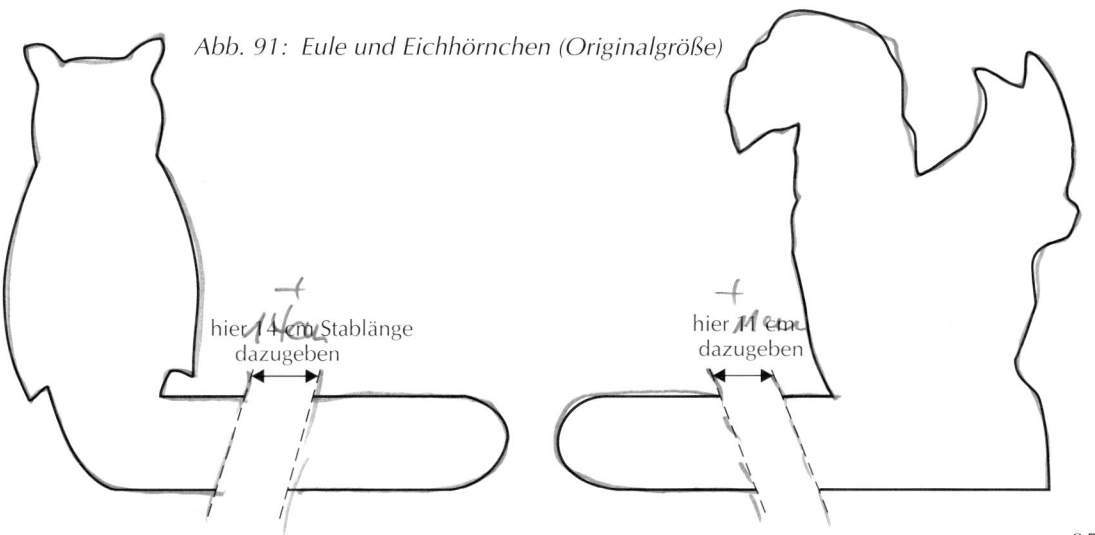

Abb. 91: Eule und Eichhörnchen (Originalgröße)

hier 14 cm Stablänge dazugeben

hier 11 cm dazugeben

Abb. 92:
Baum mit Tieren
und einem Zwerg

Die Herbstkrone des Baumes: eine erste Schicht Ocker, Zinnober und Grün, alle mit einem nassen Pinsel und gut aufgelöster Farbe auftragen; rundherum die dunkleren Zweige. Wenn diese Schicht gut getrocknet ist, kann man für die Blätter mit denselben Farben trokkenere, dickere Akzente setzen; Rot paßt auch auf die ockerfarbenen Stellen.

d   Zeichnen. Man zeichnet die Details der Tiere, die Schatten unter den Blättern, auch unter solchen, die direkt am Stamm sind. Hier und da kann man die Äste deutlicher nachzeichnen und kleinere Zweige durch die Blätter hervorsehen lassen.

e   Dann sägt man die Eule, das Eichhörnchen (s. Abb. 91) und den Zwerg (Abb. 93) aus (die Stöcke für Eule und Eichhörnchen sind 14 bzw. 11 cm lang) und bemalt sie. Die Eule hat eine untere Schicht Ocker auf dem Bauch und Braun an den Flügeln, an denen im zweiten Durchgang dunkle Flecken aufgetragen werden. Auf dem Bauch kann man auch gut ein paar mit Weiß vermischte Flecken anbringen. Der Rest der Details wird gezeichnet.

f   Lackieren. Zuerst die vordere Bildplatte lackieren, und zwar um die Stellen herum, die für Häschen und Pilze vorgesehen sind. Dann lakkiert man die rückwärtige Bildplatte, muß aber auch hier auf die Stellen achten, wohin die Zwischenstückchen kommen sollen.

g   Leimen. Dazu muß man alle Zwischenstückchen auf ihren Platz legen und sie eins nach dem anderen an ihrer unteren Seite mit Leim bestreichen. Dann bringt man auch an der oberen Seite Leim an, doch nicht zu dick bei den Leisten, über welche die Tiere hinweggeschoben werden. Dann legt man die Tiere hinein und bringt die Vorderplatte an ihren Platz. Dabei sollte man wieder Holzstückchen zum Schutz auf die vordere Platte legen. Die untere Kante kann mit größeren Klemmen und einigen kleineren Klemmen festgehalten werden. Den oberen Teil des Baumes kann man am besten durch einen Stapel schwerer Bücher auf dem schützenden Brett beschweren. Man muß hierbei aufpassen, daß sich die Teile nicht verschieben. Und man muß ausprobieren, ob sich Eichhörnchen und Eule noch bewegen können, sie dürfen nicht durch überschüssigen Leim festgeklebt werden.

h   Nacharbeiten. Die Unterkante und die Seitenkante müssen nachgefeilt werden, dann befestigt man die Fäden am Zwerg, stellt ihn an seinen Platz und befestigt Perlen an den Fäden (s. S. 65). Eventuell bohrt man oben und unten Löcher ins Holz, um das Bild aufzuhängen.

Abb. 93:
Zwerg (Originalgröße)

Eine Höhle mit Zwergen

Die Höhle hat eine völlig andere Farbstimmung als die anderen Bilder. Hier handelt es sich um eine warme, geborgene Innenwelt. Die Abbildung 96 ist etwas anders als das in Abbildung 95 gezeichnete Modell, weil ich die Vorderplatte des Modells aus einem Stück gemacht habe und nicht aus vielen kleinen Teilchen.

Der rote Zwerg arbeitet: Der Arm mit der Spitzhacke kann wirklich hacken. Der andere Zwerg tut nichts, er will nur zuschauen. Er ist fröhlich gelb und orange gemalt.

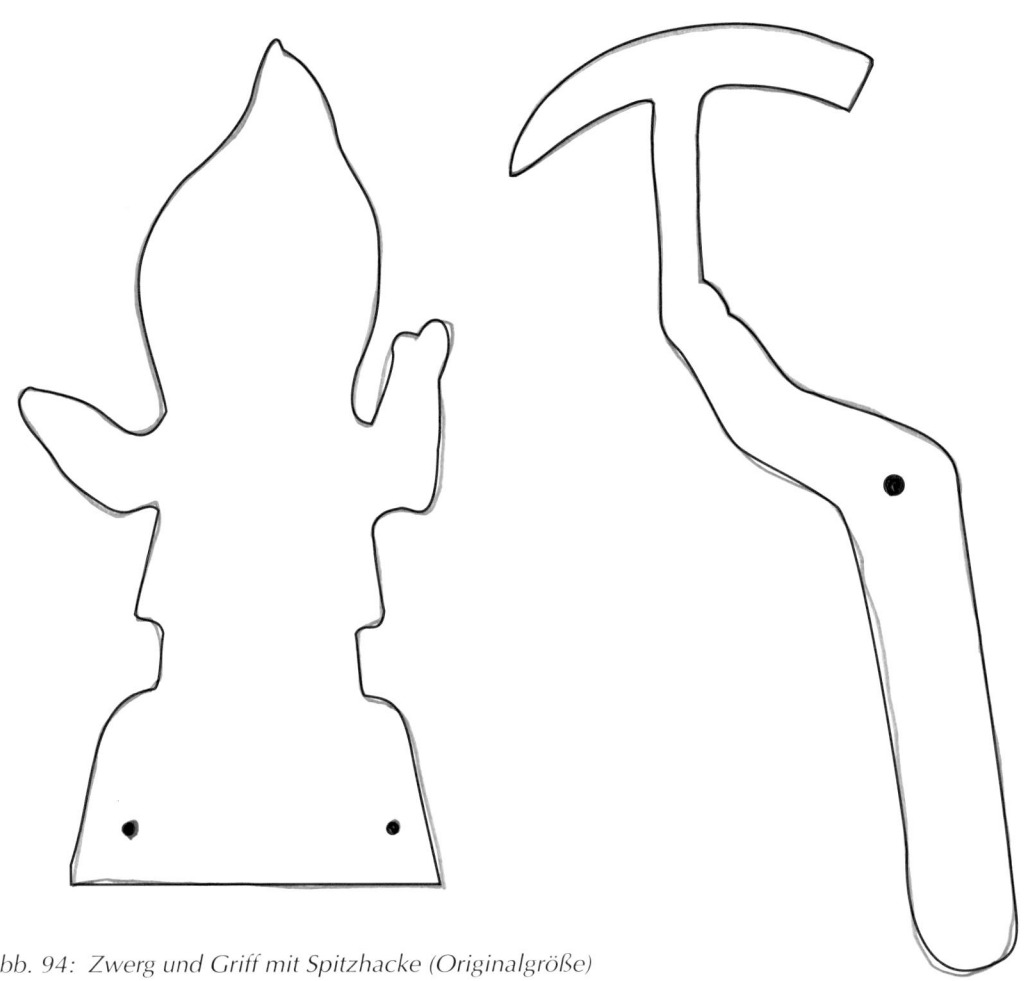

Abb. 94: Zwerg und Griff mit Spitzhacke (Originalgröße)

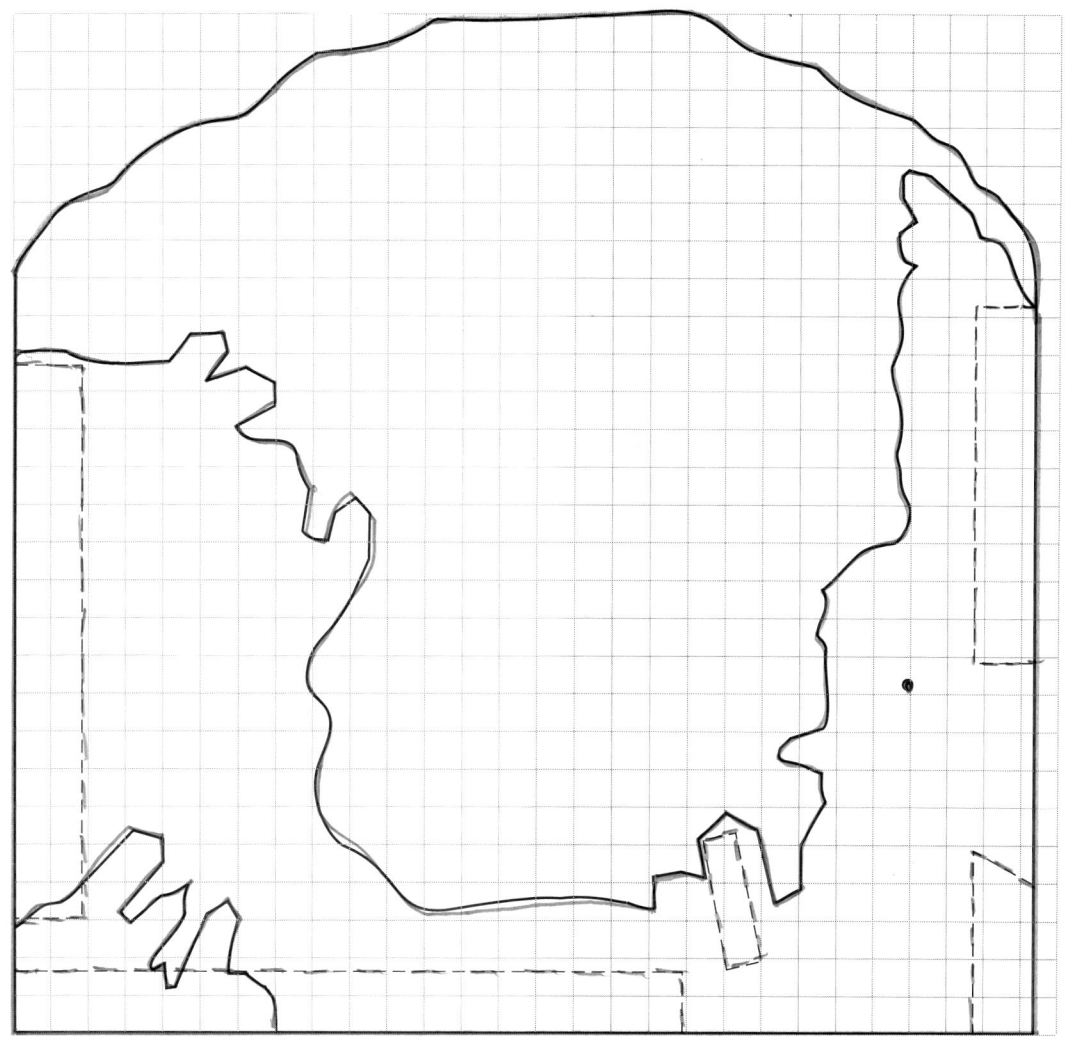

Abb. 95: Modellzeichnung Höhle mit Zwergen

Abb. 96: Eine Höhle mit Zwergen

Man braucht dazu:
- Birkensperrholz: 4 mm
  - Vorderplatte 27,5 x 22,5 cm
  - rückwärtige Platte 27,5 x 27 cm
  - lose Kristallgruppen aus den Resten der Vorderplatte
- Modellbausperrholz 2 mm:
  - Griff 13 x 5 cm
  - Zwerg 11 x 6 cm (insgesamt 24 x 6 cm)
- Leisten 2 cm breit: 10, 4,5, 17,5 14 cm (insgesamt 46 cm)
- 1 Nagel von 2 cm Länge, Messing oder Eisen
- 2 Holzperlen

Arbeitsanleitung:
a Zuerst wieder die Modellbauzeichnung (s. Abb. 95) zweifach vergrößern und aufs Holz übertragen.
b Dann die Formen aussägen und schmirgeln.
c Malen. Auf den Abbildungen 97 und 98 sind die verschiedenen Stadien beim Malen von Kristallen sehr gut zu erkennen. Zuerst wird die Form des Kristalls zum Beispiel in zartem Violett gemalt, dann kommen dunklere Partien violett hinzu. Später, beim Zeichnen, werden die Linien der Kristalle noch einmal nachgezogen (mit grauem Buntstift, denn Violett wird meist grell beim Lackieren).
Um die Kristalle herum malt man am besten verschiedene Brauntöne.
Die Platte mit dem Hintergrundbild hat einen Übergang von Gelb über gebranntes Siena bis hin zu Dunkelbraun. Man beginnt mit dem Gelb, läßt es dann in dünnes gebranntes Siena übergehen und verdunkelt es an den Seiten mit Sepia. Durch dieses Dunkelbraun wird die Helligkeit sichtbar.
d Zeichnen: Die Kristalle wurden schon beschrieben. Jetzt können noch dunklere Partien ins Braun gesetzt werden, und auch um die

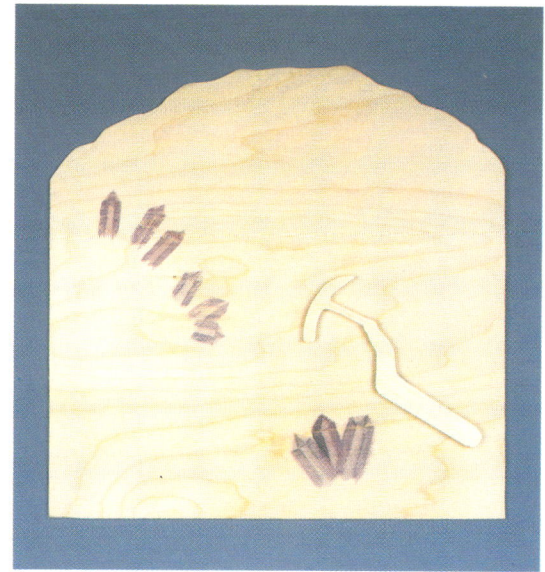

Abb. 97

Abb. 98

101

Kristalle herum kann es noch dunkler werden.

e Dann können der Griff und der Zwerg (s. Abb. 94) ausgesägt, gemalt, gezeichnet und lackiert werden.

f Leimen: Dazu legt man die Leisten an ihren Platz auf die rückwärtige Platte.
Nun muß man – mit einem Nagel durch Griff und Platte – überprüfen, ob der Griff sich leicht bewegen läßt. Danach kann man alles festleimen.

f Nacharbeiten: Die Seitenkanten und die untere Kante feilen, bemalen und lackieren. Der Zwerg bekommt Fäden, die Perlen werden daran befestigt (s. S. 65). Jetzt durch beide Platten und den Arm des Zwerges das vorgezeichnete Loch bohren (s. Modellzeichnung) Nun wird der Griff an seinen Platz gelegt, der Nagel wird zuerst durch die Vorderplatte, dann durch den Griff und danach durch die rückwärtige Platte geschoben und, wenn diese Platte auf einer harten Unterlage liegt, zur Seite geschlagen. Er sollte nicht zu stramm, aber auch nicht zu locker sitzen.

Schneelandschaft

Der Schlitten gleitet über einen Hügel – mit einer Zwischenschicht, die parallel zum Hügel verläuft. Das Häschen verschwindet mit Hilfe eines Stabes in seiner Höhle, und gleich darauf scheint es, als spränge es wieder hervor.

Man braucht dazu:
– Birkensperrholz 4 mm:
  • vordere Platte 55,5 x 32,5 cm
  • rückwärtige Platte 55,5 x 30 cm
  • Zwischenschicht 21 x 55,5 cm
  Wenn man die Zwischenschicht und die Vorderplatte zusammen auf ein Brett legt, reichen 36 x 55,5 cm aus. Insgesamt also 55,5 x 68,5 cm
– Modellbausperrholz 2 mm
  • Schlitten 6,5 x 7 cm
  • Hase 14 x 5 cm
– 1 Nagel, 2 cm lang
– 2 Holzperlen

Arbeitsanleitung:
a Die Modellzeichnung (s. Abb. 100) muß zweifach vergrößert und auf das Holz übertragen werden.

b Dann sägt man die Formen aus und schmirgelt sie.

c Malen. Es ist nicht so einfach, Schnee zu malen. Man nimmt dafür weiße Farbe, die abdeckt, und zwar an einigen Stellen wäßriger, an anderen dicker. Die Farben der Schatten sind im Schnee vom Licht abhängig. Ist das Licht orange-gelb, müssen die Schatten türkisblau-lila sein (s. S. 37).
Zuerst malt man den Baum, den Vogel und das Mäuschen, drumherum dann das Weiß. Der Tannenbaum: Zuerst die weißen Schneepartien, dazwischen, wenn das Weiß getrock-

net ist, etwas Grün, an einigen Stellen mit Dunkelbraun darüber gehen. Den dicken Schnee malt man mit dickerer Farbe und legt sehr vorsichtig mit ganz dünnem Violett etc. die Schatten um diese hellweißen Stellen.

d Zeichnen. Nur hier und da ein paar Details: dünne Zweige, dürre Grasstoppeln.

e Dann sägt man den Hasen und den Schlitten aus (s. Abb. 99), malt, zeichnet und lackiert. Anschließend werden an den angegebenen Stellen Löcher in Vorder- und Hinterplatte sowie in den Stock des Häschens gebohrt.

f Sehr vorsichtig lackiert man dann die großen Platten: das dicke Weiß färbt leicht durch den wäßrigen Lack aus. Diese Farbe zieht nämlich weniger ins Holz ein als die nicht deckende Farbe.

g Leimen. Auf Abb. 54 ist gut zu erkennen, wie die Zwischenschicht geleimt werden muß. Der Hase muß vor dem Leimen an seinem Platz sein. Man kann zum Teil Leimklemmen benutzen, für die obere Kante eignet sich auch hier ein Stapel Bücher besser.

h Nacharbeiten. Seitenkante und untere Kante feilen, malen und lackieren. Am Schlitten befestigt man Fäden, dann kommt er an seinen Platz, und am Schluß können wieder die Perlen an den Fäden befestigt werden.

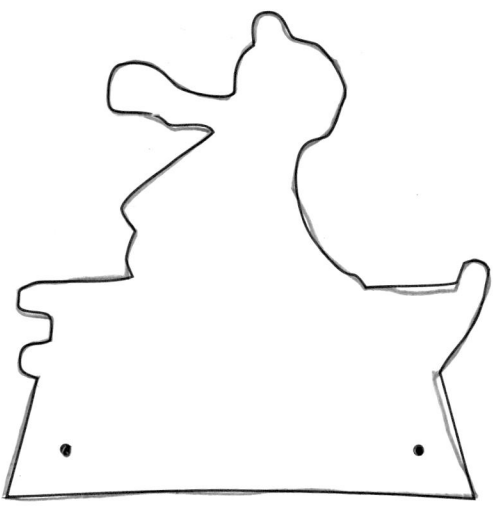

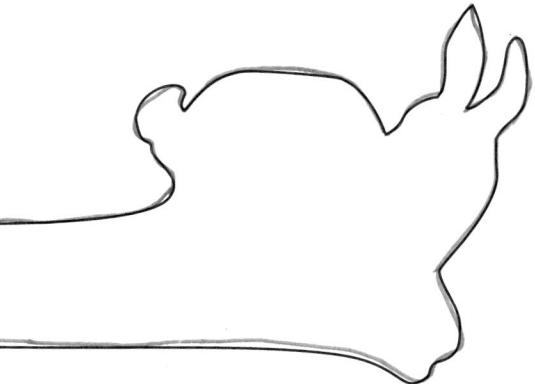

Abb. 99: Schlitten und Häschen (Originalgröße)

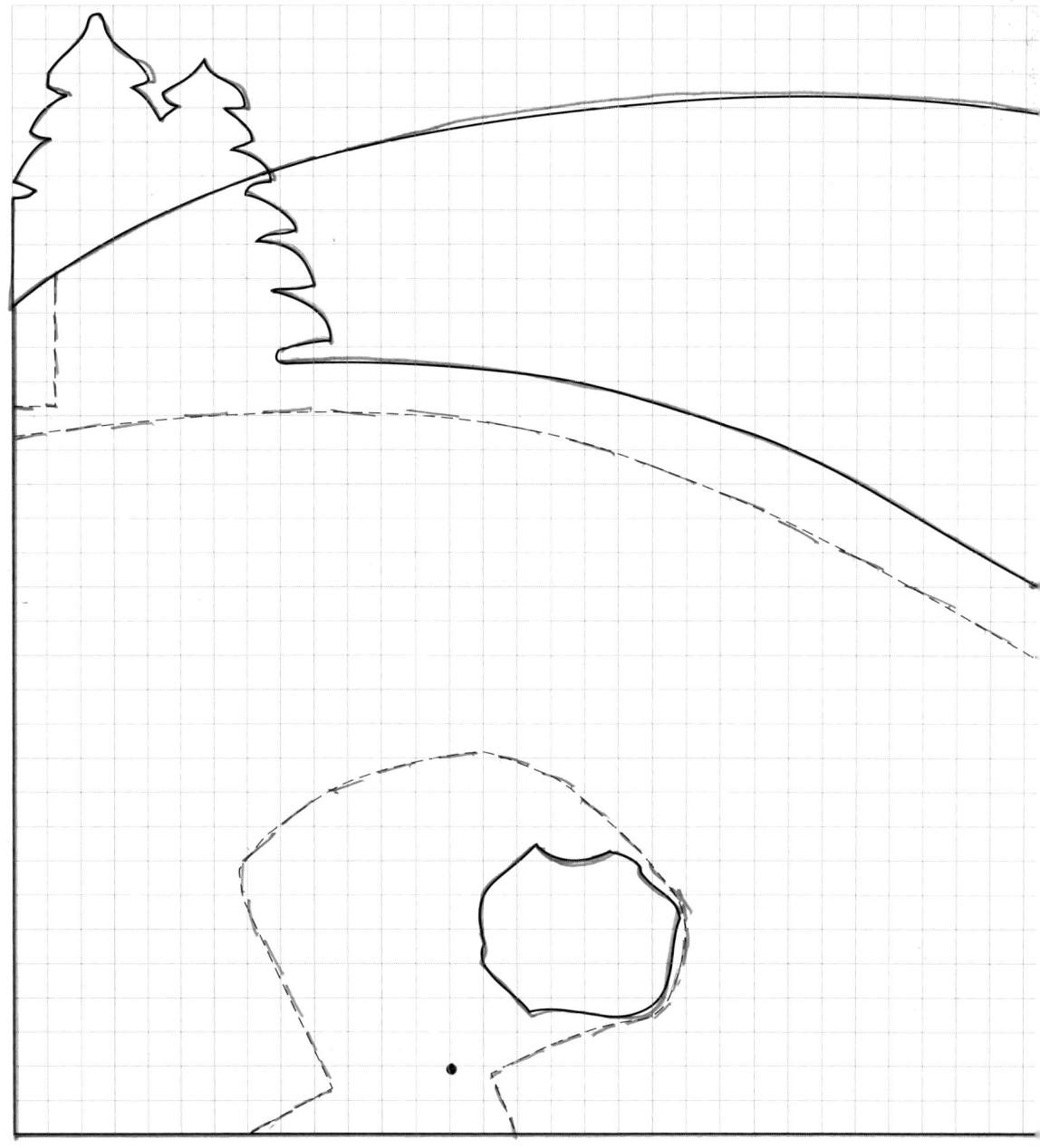

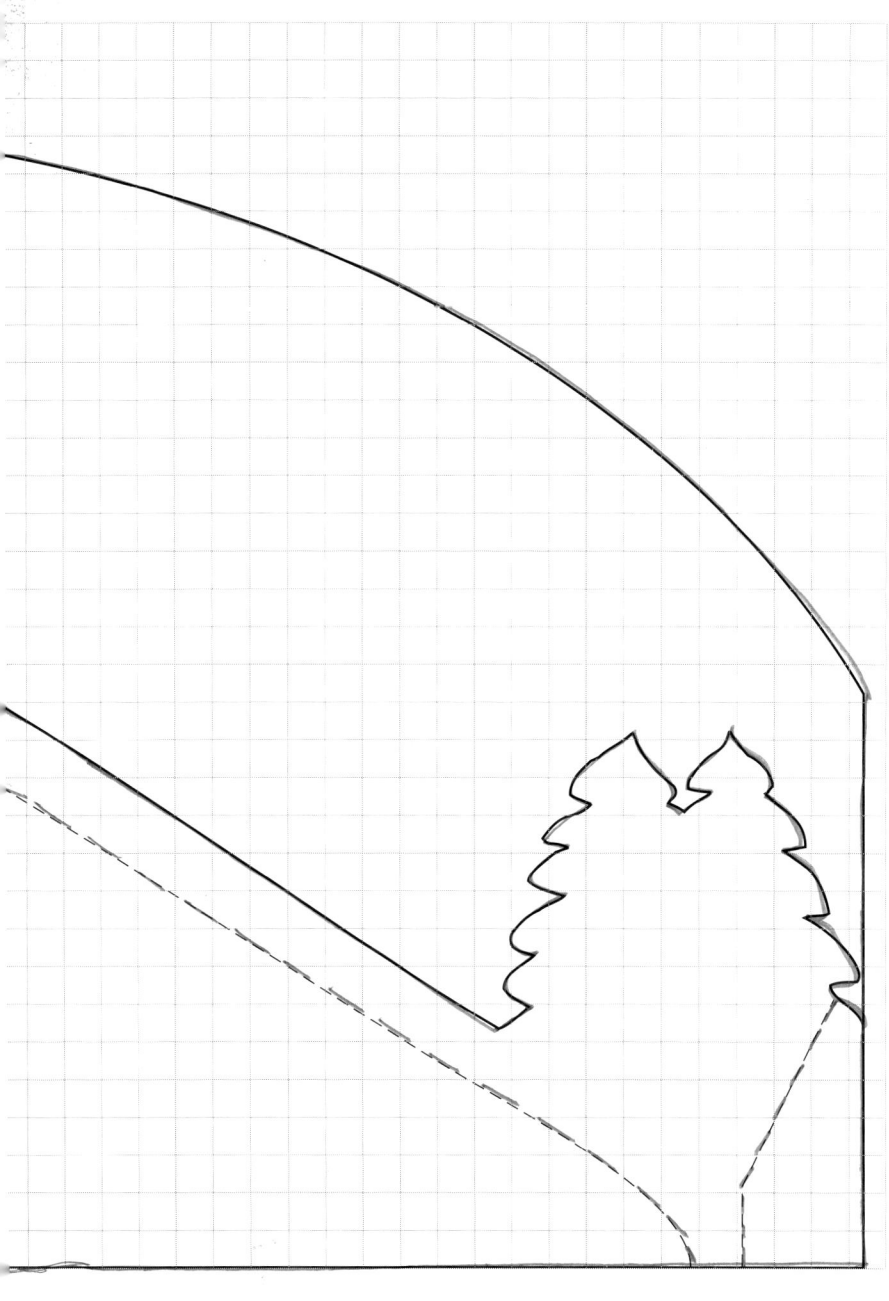

Abb. 100:
Modellzeichnung
Schneelandschaft

Abb. 101:
Schneelandschaft

107

St. Nikolaus

Dieses Wandbild wird in den Niederlanden sehr geliebt. Die Atmosphäre von Wärme und Geborgenheit in den Häusern gegen Ende des Herbstes kommt gut heraus. Die Bewegungen des heiligen Nikolaus folgen hier wieder einem anderen Prinzip: Er bewegt sich an einem Stab wie eine Stockpuppe über die Häuser hinweg. Durch einen kleinen Nagel im Blau unterhalb des Pferdes fällt er nicht herunter und kann über einem der Dächer sanft auf der Stelle hin und her schaukeln. Seine Helfer laufen dabei ganz einfach auf einer Leiste auf der Straße hin und her.

Man braucht dazu:
– Birkensperrholz 4 mm:
  • Vorderplatte 50,5 x 13,5 cm
  • Häuserreihe 50,5 x 19,5 cm
  • rückwärtige Platte 50,5 x 26,5 cm
– Modellbausperrholz 2 mm:
  • Nikolaus 7,5 x 29,5 cm
  • Helfer 5,5 x 5 cm
– Leisten 2 cm breit: 7 und 13 cm
– Leisten 1 cm breit: 50,5 2 und 2 cm
– 1 Nagel
– 2 Holzperlen

Abb. 102: Sankt Nikolaus

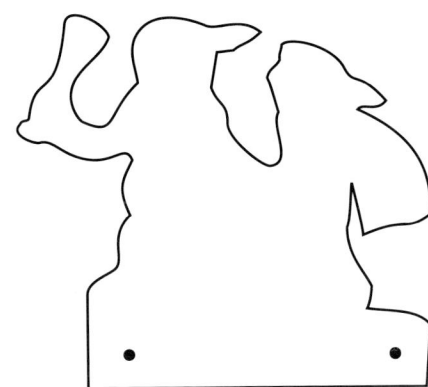

Abb. 103:
Die Helfer und St. Nikolaus (Originalgröße)

Arbeitsanleitung:

a Zuerst die Modellzeichnung (s. Abb. 104) zweifach vergrößern und auf das Holz übertragen.

b Dann alles aussägen und glattschmirgeln.

c Malen. Vorderplatte: Bei den Fenstern in den Häusern anfangen, sie werden gelb oder braun und bekommen rundherum eine Grundfarbe. Bei einer zweiten Schicht können Steine angedeutet werden. Häuserreihe: Wieder zuerst die Fenster. Danach die gelben Stellen, wohin später die Laternen kommen sollen; am besten hält man diese Stellen naß, während man rasch die Farben der Häuser drumherum malt. Unten mischt man etwas Dunkelbraun oder Indigo in die Farbe, um den Eindruck der Nacht zu verstärken.
Rückwärtige Platte: Sternenhimmel (s. S. 59). Auch hier werden zuerst die Wolken mit weißer Farbe gemalt, dabei wieder den Rand der Wolke etwas naß halten, wenn das Blauviolett darum kommt, sonst wird er zu hart.
Nun kann man die Dachränder dunkler malen und zum Schluß die Laternen.

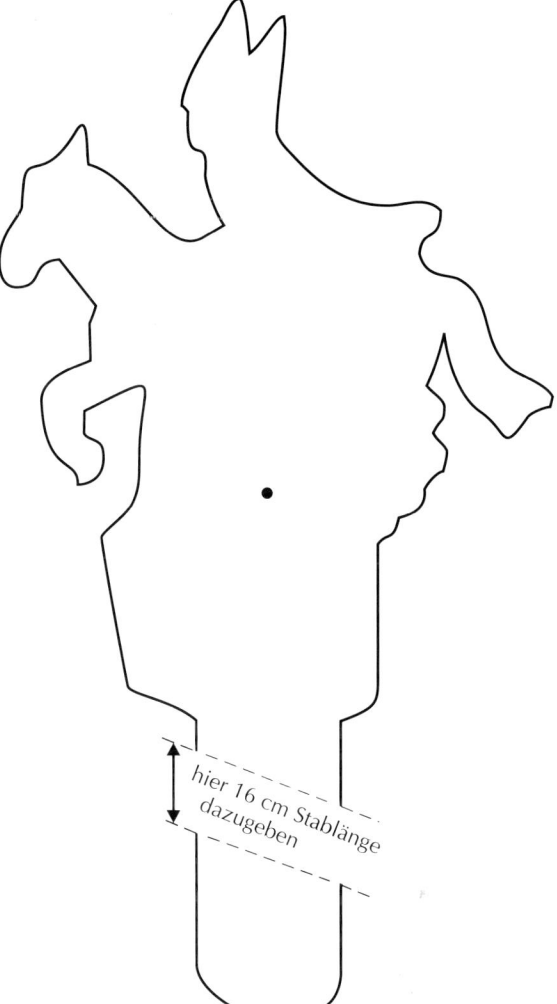

hier 16 cm Stablänge dazugeben

d *Zeichnen.* Viele der Details können gezeichnet werden: die Fensterstürze, kleine Scheiben in den Fenstern, weiße Scheibengardinen oder bunte Übergardinen, ein Treppengeländer und so weiter.

e Man sägt den Nikolaus und seine Helfer aus (s. Abb. 103), malt sie an und lackiert sie.

f Lackieren. Alle Flächen, außer den Stellen, an die Leisten kommen, lackieren.

g Leimen. Zuerst die Vorderseite auf die Häuserreihe leimen. Als Zwischenleiste werden die auf der Modellzeichnung angegebene lange Leiste an der Unterseite und die zwei kleinen Leisten links und rechts angebracht. Dann werden zwischen die Hinterplatte und die Häuserreihe die breiteren Leisten links und rechts geklebt. Um den Abstand für die Bewegungen von St. Nikolaus gut zu erhalten, werden weitere Zwischenstücke dazwischen gelegt.

h Nacharbeiten. Die Unterseite und die Seitenkanten feilen, anmalen und lackieren, den kleinen Nikolaushelfern Fäden und später Perlen geben. Dann kommt ein Nagel durch den Stab, die Spitze wird glatt geschmirgelt.

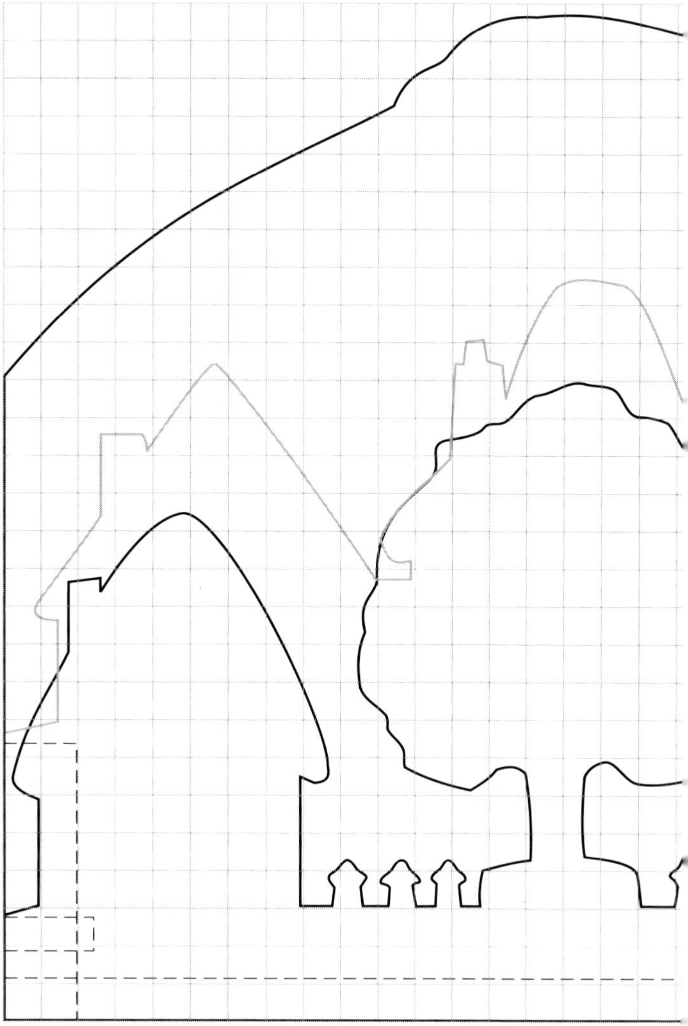

Abb. 104:
Modellzeichnung Sankt Nikolaus

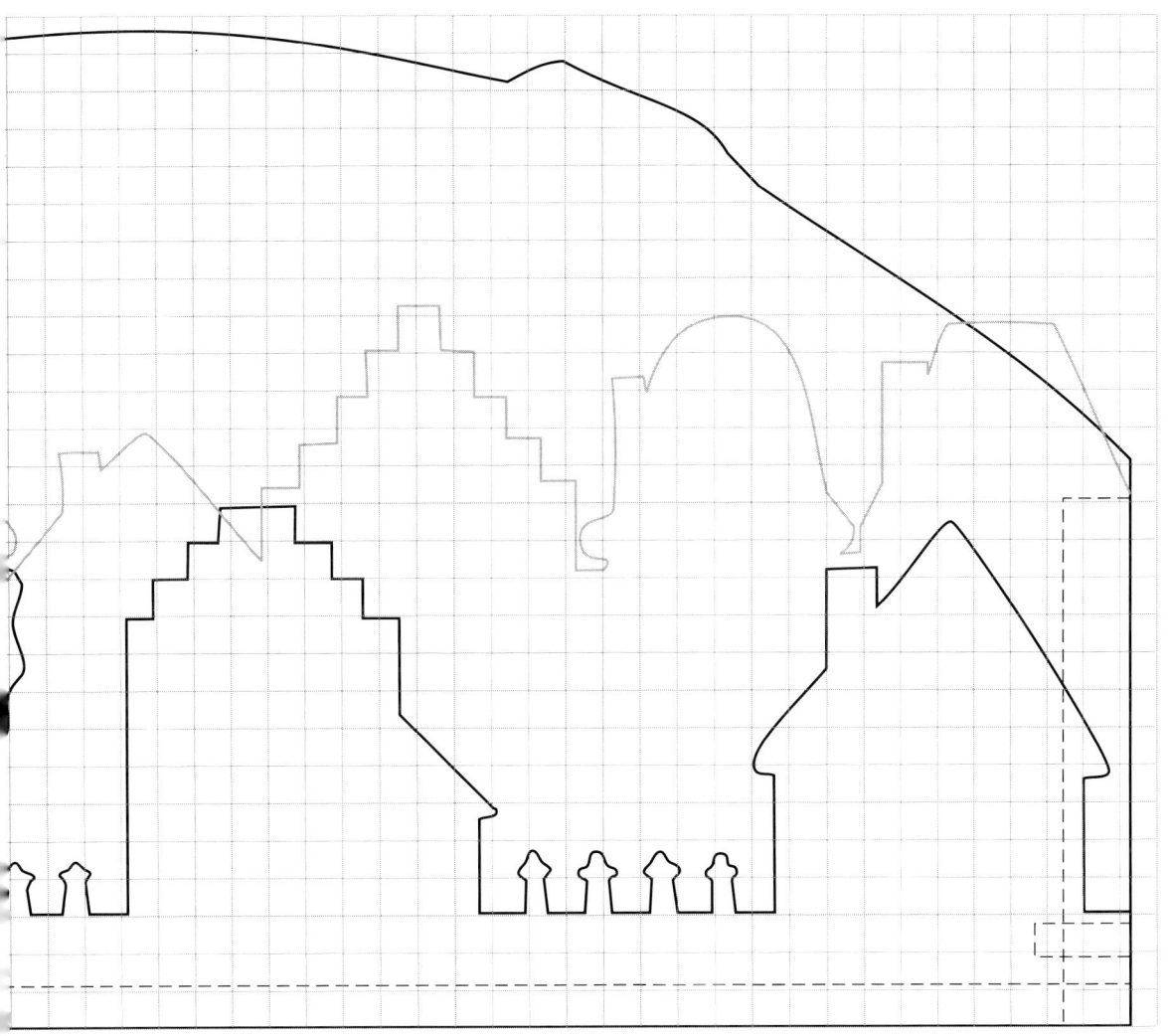

Abb. 105: Weihnachtsbild

Weihnachtsbild

Es ist besser, wenn man bei diesem Bild schon etwas mehr Erfahrung im Malen hat. Es erfordert recht genaues Arbeiten, vor allem durch den Nachthimmel, der die Personen umgibt. Mit Hilfe der Drehscheibe kommen die Menschen am Stall vorbei, auf der anderen Seite steigen die Sterne herauf.

Man braucht dazu:
– Birkensperrholz 4 mm:
  • Vorderseite 30 x 29,5 cm
  • Drehscheibe 27 x 27 cm
– 1 Musterklammer
– 2 Unterlegscheiben

Arbeitsanleitung:
a Die Modellzeichnung (s. Abb. 107) zweifach vergrößern und aufs Holz übertragen!
b Die Formen aussägen und schmirgeln!
c *Malen.* Vorderplatte: die Figuren im Stall; zuerst Maria, die Krippe, dann das Licht um das Kind und Josef dahinter (Braun in Gelb übergehen lassen). Danach Ochs und Esel, und die Umgebung rot, später mit Braun an den Rändern abgedunkelt. Dann malt man die Tannenbäume und danach den Sternenhimmel (s. S. 59).
Rückwärtige Platte: Am besten setzt man kurz die Musterklammer in die vordere und die hintere Platte, um zu sehen, wie groß die Hirten und die Könige sein dürfen. Ganz vorsichtig kann man die Maße mit einem Bleistift angeben.
Wenn die Figuren etwas kleiner als auf diesem Vorbild sind, können mehr Figuren dazukommen, zum Beispiel auch ein Kamel.
Man malt am besten die Figuren einzeln nacheinander, dann den grünen Rand und zum Schluß die Sterne. Das umgebende Blauviolett sollte man rasch um die Personen herum malen, am schönsten ist es, wenn man zwei dünne Schichten übereinander legt.
d *Zeichnen.* Schatten und Details einzeichnen.
f *Lackieren.* Beide Bildplatten lackieren.
h N*acharbeiten.* Man schiebt die Musterklammer durch die Vorderseite, legt dann eine Unterlegscheibe herum, schiebt sie durch die hintere Platte und legt wieder eine Unterlegscheibe herum. Dann biegt man die Musterklammer auf.

Abb. 106: Weihnachtsbild (Drehscheibe)

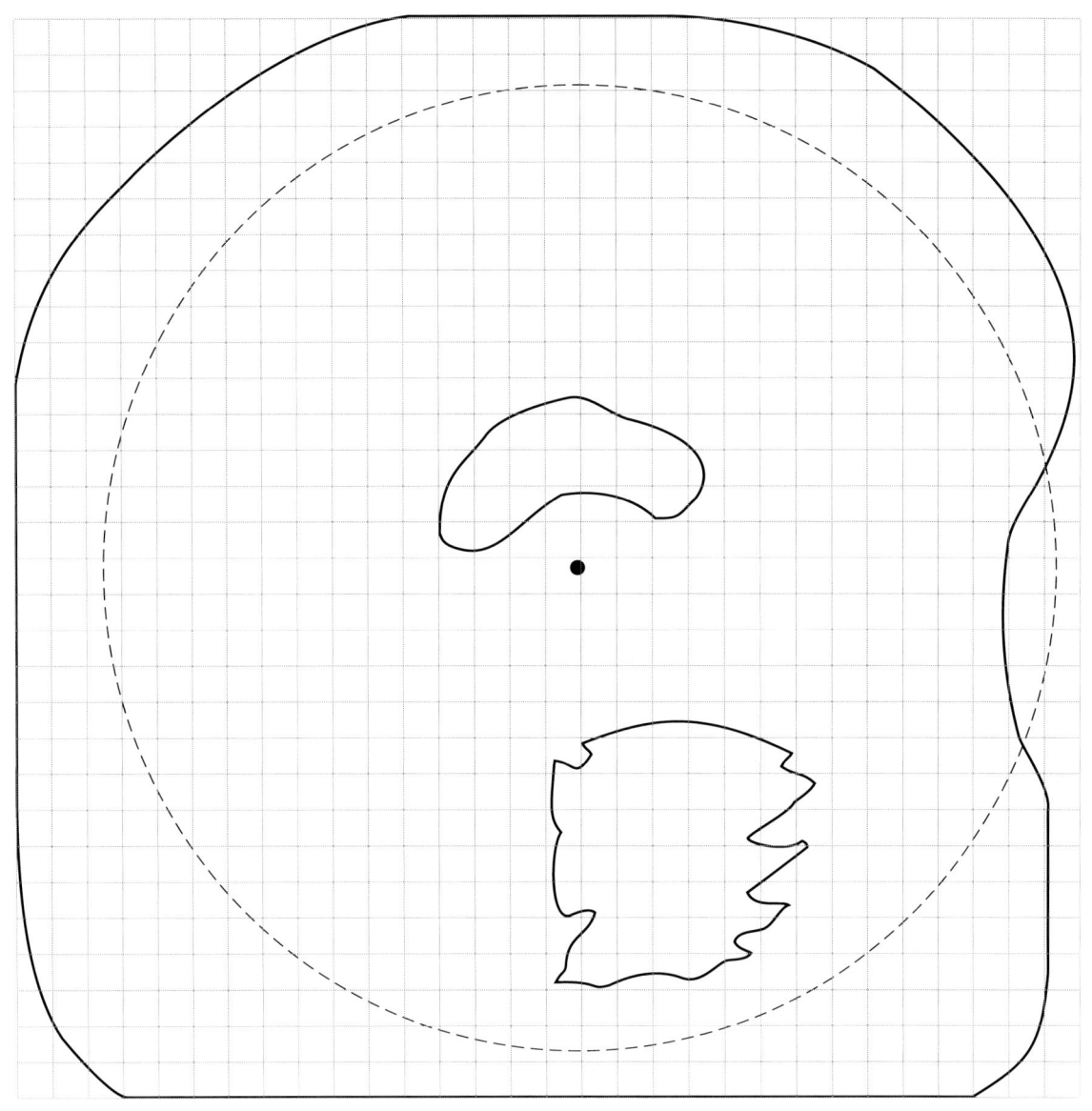

Abb. 107: Modellzeichnung Weihnachtsbild

7   Kleine Geschenke

Mit derselben Technik, wie sie für die Wandbilder in diesem Buch beschrieben wurde, lassen sich auch kleinere Gegenstände machen, die gerne als Geschenk verwendet werden. Für einige dieser Figuren lassen sich Holzreste aus den beschriebenen Arbeiten verwenden.

Garderobenhaken

Diese kleine Garderobe ist aus 8 bis 10 mm starkem Sperrholz angefertigt. Der Aufhänger ist ca. 30 cm breit. Darauf zeichnet man das, was man sich vorgestellt hat, und sägt es aus (das ist schwere Arbeit, man muß versuchen, die Säge vertikal zu halten). Danach malt man, wieder entsprechend seiner Vorstellung, und befestigt anschließend die Knöpfe daran.

Schlüsselanhänger

Hier folgen nun einige Vorschläge, wie man kleine Dinge herstellen kann, die oft recht gut als Geschenke geeignet sind.

Für einen *Schlüsselanhänger* (Abb. 18, S. 26) muß die Figur auf beiden Seiten bemalt werden. Dann bohrt man ein kleines Löchlein hinein, befestigt darin mit einer Zange einen kleinen Schlüsselring und daran den großen Schlüsselring.

Abb. 108: Garderobenhaken

Abb. 109: Ostereier und Magnetfiguren

Broschen

An der Rückseite sollte man hierfür eine Broschennadel mit Zweikomponenten-Kleber festkleben.

Magnetfiguren

Diese bekommen einen kleinen Magneten angeleimt, ebenfalls mit Zweikomponenten-Kleber. Mit diesen Figuren kann man auf Metalluntergrund Merkzettel o.ä. befestigen.

Ostereier

Ostereier (Abb. 109) sind vor allem eine Übung zum Sägen. Das Bemalen ist einfacher, weil die

Abb. 111: Großer Briefständer

Form schon vorhanden ist. Man bemalt sie so, wie es auf S. 54 beschrieben ist. Sie sind wie die Wandbilder auf S. 66 als Wandschmuck zu verwenden.

Briefständer

Ein Briefständer ist in vielen Formen denkbar. Man sollte aber immer eine gleiche Vorderseite und Rückseite nehmen. Dazwischen kommt ein kleines Brett oder ein Stück Sperrholz. Die Vorderseite bemalt man, die Rückseite bekommt etwas Farbe. Auch Kinder können gut daran mitarbeiten, dann fällt das Ganze natürlich etwas einfacher aus. Nach dem Bemalen verleimt man den Briefständer am günstigsten, indem man ihn mit Hilfe kleiner Messingnägel zusätzlich stabilisiert. Der Briefständer auf Abb. 111 ist gemeinsam mit einem Kind gearbeitet.

Abb. 110: Kleiner Briefständer

Schatzkästchen

Auch Schatzkästchen können schön bemalt werden. Dazu sucht man sich ein Kästchen aus unbehandeltem glattem Holz in einem Hobbyladen. Man schmirgelt es sorgfältig ab. Am besten ist es, wenn er aus hellem Holz besteht (Buchenholz beispielsweise ist ziemlich dunkel). Meist sind diese Kästchen aus Pappelholz gemacht. Das ist ein recht weiches Holz. Darum sollte man die Figuren darauf möglichst trocken malen, sonst verläuft die Farbe. Und beim Zeichnen sollte man nicht zu stark auf den Buntstift drücken. In das Kästchen klebt man dann mit Hobbyleim dunklen Filz.

Abb. 113: Bilderbuch

Abb. 112: Schatzkästchen

118

Kleine Bilderbücher

Kleine Bilderbücher mit Tieren oder einer Geschichte von einem Zwerglein kann man auch aus Holzresten herstellen. Dafür bereitet man zuerst eine Anzahl gleich großer Buchseiten (zum Beispiel 9 x 9 cm) vor und bemalt sie. Dann muß man sie fest zusammenklemmen und Löcher hindurch bohren. Danach sucht man sich eine große Perle und bohrt an einer Seite ihr Loch größer. Man zieht einen Schnürsenkel durch das Buch und durch die Perle, schlingt einen Knoten an deren weiter Seite und befestigt ihn mit Holzleim.

Arbeiten mit Kindern

Kleine Kinder erleben das Sägen und Werkeln sehr intensiv mit, wenn sie zuschauen dürfen. Sie wollen natürlich auch gerne mitmachen. Dazu sind die oben beschriebenen kleinen Stücke sehr geeignet. Die Tierfiguren werden vorher ausgesägt und die Kinder können sie nun schön bemalen. Zum Beispiel können die Figuren für den Briefständer auf S. 117 von Kindern bemalt

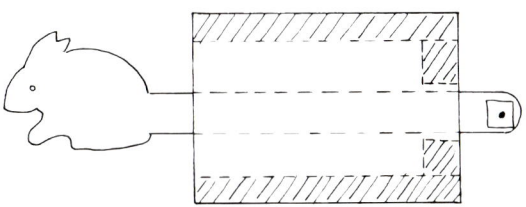

Abb. 114: Kinder denken sich oft selber originelle Sachen aus, wenn man als Eltern für sie tätig ist. So entstand dieses «Kuckuck» – Versteck – Kaninchen, das mein damals siebenjähriger Sohn machte.

werden, wenn sie der Erwachsene vorher ausgesägt hat (Abb. 115). Abbildung 116 zeigt den eigenen Entwurf eines Kindes: Das Kaninchen kann in seinen Stall hinein- und hinausgehen. Dabei nahm das Kind zwei Holzstückchen, klebte die Leiste dazwischen und sägte dann das Kaninchen mit dem Stock daran aus. Am Schluß wurde auf den Stock eine Perle geklebt, so daß der Stock nicht aus der Öffnung rutschen kann.

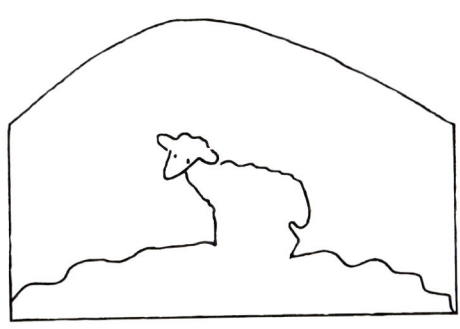

Abb. 115: Tierfigur auf Briefständer

Abb. 116: Kaninchen (Entwurf eines Kindes)

DE WULLSTUUV

Naturwarenhandel, Musikinstrumente und Mineralien
Renate Reiß * Gärtnerstraße 1 * 24241 Blumenthal
Tellefon: 04347 - 71844 * Telefax: 04347 - 71845

Fordern Sie unseren Katalog an.

Sie finden bei uns :

Aquarellfarben, Künstlerstifte und Laubsägen

und eine ganze Palette an Zubehör für kreative Ideen zum
Basteln

Kein Hochglanz
viel Text, wenig Bilder
fast alles schwarz-weiß
aber:
faire Preise, viele Ideen,
noch mehr Artikel.

Stockmar-Aquarellfarben, Künstleraquarell-
farben, Artemis Pflanzenaquarellfarben,
Polycolor-Künstlerfarbstifte,
Alles für die Pflanzenfärberei, Schurwollfilz,
auch pflanzengefärbt, Bastelfilz, pflanzenge-
färbte Märchenwolle, Seidenstoffe, Tonpapier,
Puppentrikot und vieles andere mehr.
Baumwolltücher 75 Farben !
Wie schon gesagt:
Lassen Sie sich
von unserem Katalog überraschen!!